凡人の成功哲学

小に徹して勝つ

田中真澄

ぱるす出版

はじめに

年金に頼るだけで老後の就業準備をしなかった人に訪れる老後貧困時代

日本人の平均寿命は男性約80歳、女性約87歳を超えました。これはわが国の男性の半分は81歳までに死去するものの（女性は87歳）、残りの半分は81歳（女性は87歳）以上生きることを意味します。ところが多くの国民は、そんなに自分が長生するとは思ってこなかったこともあり、80歳以上も長生きすることに対する十分な備えをしてきませんでした。その準備不足が今後の老後貧困時代の到来の最大の要因になるのです。

長く生きるには長く生きるだけの準備が必要です。すなわち年金だけに頼らず、自律自助の精神で自分独自の力で生きていくための生きる力（Art of Life）を身につけておかねばならないのが、本来の人間としての義務なのです。具体的には、若いうちから老後も働いて収入を得られる仕事力を自らの努力で身につけていくということです。

少子高齢社会が進めば進むほど、今までのように老後を国や市町村の福祉政策に頼って生きることは財政上困難になってきます。ですから、自分の老後は自分で守る対策を立てておかなければ、老後の貧困生活を避けることは難しい時代になりつつあるのです。

働く人の約88％が広義のサラリーマンである今の日本人の大半は、定年後は退職金と年金と預貯金で過ごせるものだと考えてきました。その証拠に、マスコミの報道の中で、高齢者に対して年金に頼らずにもっと働く努力をすべきだという提言は見当たりません。

しかし、平均寿命がまだまだ伸びると予想される今後は、従来の生涯観のままで人生をより良く生きることは不可能になります。なぜなら年金の仕組みに問題があるからです。

超長寿時代到来の波が、今後、年金制度を頼りないものにしていく

かつての年金制度は、60歳から全額支給が始まって平均13年前後の年月が経過した78歳〜80歳で、その支給が終了するであろうことを前提に設計されていました。

ところが今では国民の半分以上が80代の後半まで生き、中には１００歳前後まで長生きする人も稀ではなくなりつつあります。そのうちに80代で死んだら若死にと言われる時代になるでしょう。

現在、満80歳の私ですが、中学・高校・大学の同期生で亡くなった仲間はまだ全体の３〜４割です。残りはみんな元気ですから90歳を超えても生き続ける人がかなり出てきそうです。あと30年後の２０４５年、日本人の平均寿命が１００歳になるとの予測がなされていますが、そのことが現実味を帯びてきました。まさしく「人生１００年時代」が日本に

到来しつつあるのです。

これまでの年金制度が前提としている死去年齢をはるかに超えて、日本人が長生きしている現況は、現行の年金制度が今のままでは機能不全に陥ることを示唆しています。なぜなら年金の支給期間が、当初計画の2倍から3倍へと延びるのに対して、逆に、少子化で年金制度を支える世代の誕生は年々減っているのですから、年金を支えてきたこれまでの仕組みも財源も、今の制度のままでは維持できなくなることははっきりしてきたからです。

ところが、団塊世代の前の世代（昭和20年以前に生まれた世代）は、戦後の高度成長経済の恩恵を受けて、年金は掛け金の2倍以上という高額支給を受けています。また、その世代はそれを当然とする既得権意識を持ち、年金改革を先送りする勢力に力を貸してきました。

しかし年金支給の甘さが大問題となり、政府は年金支給開始年齢をやっと60歳から65歳に改定しました。ところがそれでは問題解決には程遠いことから、さらに70歳、そして75歳、さらには80歳と段階的に支給開始年齢を改正していかざるを得なくなりつつあります。

年金関係者の間では、支給開始年齢を最終的には80歳まで引き上げる案が検討されているようです。そうなれば65歳で定年になった後も、私たちはさらに最低15年は働かなくてはならない時代を迎えることになります。

80歳現役の私は、今の日本人は80歳どころか90歳前後までは十分働ける身体力を持っていると考えています。ですから、政府は一日も早く「将来は年金支給年齢を80歳からとする」と予告すべきです。そうすれば、国民は最低80歳までは働く、いや、死ぬまで働くぞ！という覚悟を持つに至るでしょう。

そうなれば国民の多くは今よりも緊張感を持ち、やる気を養って人生に臨むことになり、政府が提唱している「一億総活躍社会」も自ずと実現することになります。

今の年金では老後貧困に追い込まれる

しかし国民が80歳まで働く覚悟を持ったとしても、勤め先である官公庁・団体・会社は定年を80歳まで延長する気はないと見るべきです。グローバル主義・売上至上主義に徹する現在のクールな感覚の持ち主であるサラリーマン出身の大企業の経営者の間では、終身雇用制度の下での年功序列賃金制度を最後の最後まで守り抜く心づもりも気力もなく、むしろ生産性の低い中高年の雇用者をできるだけ早くリストラしたいと考えている傾向が強くなっています。

そうであれば65歳で定年退職後は、自分の得意な能力を生かして個業主（＝自営業主・

起業家・ＳＯＨＯ・マイクロビジネス・インディペンデントコンストラクター・フリーランスなどの脱サラ・独立人生を歩む人の総称）として生きる道を選択できるように、気付いた時点から早めに準備していくことです。

ところが間もなく年金受給者になる定年予備軍の人たちは、個業主として生きるための準備をしてきませんでした。それどころか年金の支給基準が次第に厳しくなり、将来は年金に頼れなくなる時代がくるなどとは考えておらず、自分の世代までは、まだ大丈夫であろうと勝手に決め込んでいる人がほとんどです。ですから独立自営の人生を歩む覚悟のある人は稀有な存在です。

今、年金制度は徐々に劣化しつつあります。すでに実質的な受給額は減ってきています。２００４年の年金改革で決まった「マクロ経済スライド制」（物価が上がっても年金は実質目減りする制度）が２０１５年から実施されています。加えて年金から介護保険料や税金などが天引きされることが今後も続きますから、手取りの年金額は当初予定していた額よりも年々少なくなるのは目に見えています。

ということは、年金だけに頼って生活していると、気が付かぬうちに、いつの間にか老後貧困に追い込まれてしまうという状況が、年金受給者の誰にも訪れる可能性が出てきたということです。

21世紀は個業の時代と予測し「小に徹して勝つ」の生き方を身につけよう

このような状況に対し危機意識を持って予測してきた人は、すでに定年のずっと前から、個業主となるための準備を始めています。現に大型書店の店頭では、そういう人のための独立準備書が数多く並ぶようになりました。

私は37年前に社会教育家として独立してから今日まで、ずっと「21世紀は個業の時代がやってくる。その準備を今からしていこう」と繰り返し訴えてきました。この私の主張を講演や拙著で知って、準備を早めに始めた方々は、すでに定年後または途中から個業主として新たな人生を歩んでおられます。

その具体的な事例を拙著『人生の勝負は後半にあり』（ぱるす出版）で、全国から51名を選んで紹介していますので、ご関心がおありでしたら、同書をお読みいただきたいと思います。そこで今回、そうした事例と私の37年の独立人生の経験をベースに、個業主になるための具体的な準備の心得書をまとめてみることにしました。それがこの本です。

この本を貫く柱をひと言で表現すれば、「小に徹して勝つ」の生き方です。

この場合の「小に徹する」とは、「基本の行動」「基本の精神」「当たり前の良き習慣」「凡事」「小規模」「一領域」「ニッチ」「小数」「小者」「一点」「一事」「一貫」「専門」に徹することを総称した意味として使っています。

この小に徹して勝つ道を歩んでいれば、私たちも自分なりに自律自助の人生を歩んでいけるのです。その具体的な行動と考え方を体系的にまとめたものが、「凡人成功哲学」であると私は考えています。したがってこの本も「凡人成功哲学」書の一つと言えるのです。

「秀才成功哲学」の時代から「凡人成功哲学」の時代へ

人間の99％は凡人です。凡人は秀才には頭が上がらないと考えられてきました。しかしそれは人生60年プラスαの昔のサラリーマン社会、若年者の多い社会でのことです。

ところがこれからは、平均寿命が80歳を超え人生１００年が到来する社会、サラリーマン時代と定年後の時代がほぼ同じ年数になる社会、そして少子高齢化によって高齢者も働くことが求められる社会になります。

そうなればサラリーマンは、定年後のフリーな生き方ができる時代をどう生きるかで、人生の勝負は決まるのです。「人生の勝負は後半にあり」と言われる所以はそこにあります。

フリーになれば、サラリーマンが武器にしてきた勤め先の地位や肩書で示される所属価値では生きられません。何ができるかの存在価値を武器にして生きていかなければなりません。

その存在価値を身につけるには、秀才が求めてきた高学歴や官公庁・大企業の役職に就く道を参考にするのではなく、学歴よりも専門の力を磨いて独立している個業主に学び、人生の後半では自分も個業主として生きていける道を選ぶことです。

その個業主を支えるのが「凡人成功哲学」であると、この機会に知る必要があります。

この「凡人成功哲学」をこれまでの学校は全く教えてきませんでした。極端に言えば、学校は良い大学に進学し、良いところに就職するための「秀才成功哲学」をベースにした生き方しか教えてこなかったのです。以前はそれでも良かったのです。なぜならば平均寿命が短い時代、若者が圧倒的に多く高齢者が少ない時代は、「秀才成功哲学」一本で人生を全うできたからです。

しかし時代がこれまでとは全く逆の状況になりつつある今日では、「秀才成功哲学」から「凡人成功哲学」に切り替えて生きることが、すべての人に求められる時代になってきたのです。その時代認識に欠けると、これからの老後の人生は生きるのが厳しくなります。

では「凡人成功哲学」をどう理解していけばいいのでしょうか。

「凡人成功哲学」とは平等の財産「心」「時間」「ことば」を磨く習慣の体系化

秀人も凡人も誰もが平等に持つ財産が3つあります。それは目には見えない「心」「時間」「ことば」です。この3つの自己資源を有効活用して、オンリーワンの財産である己の存在価値を築くために、「行動」と「考え方」の両面から普段の生活習慣を磨くことを体系化したのが「凡人成功哲学」であると、ここではとらえておきたいと思います。

アメリカの自己啓発書作家・講演家のオグ・マンディーノ（1923年～1996年）は、「人間の成功は、知識の多さや努力の積み重ねによるものではない。人間を成功に導くのは習慣である」と語っていますが、この言葉は、3つの自己資源を良き生活習慣を通して、日々磨き続けることが成功の基本中の基本である、すなわち「凡人成功哲学」が大切であることを明示しています。

この「凡人成功哲学」は、多くのサラリーマンの頭を支配している「寄らば大樹の陰」の大組織依存とは真逆の関係にあります。この大組織依存の思想すなわち所属価値依存の生活から、できるだけ早く抜け出し、自分の存在価値に懸ける「凡人成功哲学」に徹していくことが、人生の後半において個業主として成功するための第一歩となります。

その道筋をこの本では事例を中心に詳述していきます。

サラリーマンなら誰もが定年を迎えます。そういう方々をはじめ、すでに定年になり個業主を志している方、将来の老後貧困時代の到来に備えて若いうちから個業主になる準備を考えている方々に、この本は必ずやお役に立つものと確信しています。

この本は、どうか最初から順を追って読んでいただくようお願いします。そうすれば、ご自身が個業主の道を選んだときに役立つ基本の行動や考え方を体系的に会得していくことができるはずです。

そしていつの日か、あなたも個業主になられて、人生の後半を今よりもっと生きがいのあるものにしていただきたいのです。

2012年頃から、65歳を過ぎて定年を迎えた団塊世代の高齢者たちが増えてきたこともあって、全国の市町村でもそういう人たちをよく見かけるようになりました。しかしその姿を見ていると、多くはフリーで働けることを満喫しているというよりも、時間を持て余して所在なげに生きているように思えてなりません。

サラリーマン時代に有能であったに違いない団塊世代の人たちが、そうした手持ち無沙汰な時間を送っているとしたら、これは実にもったいないことです。政府が提唱する「一億総活躍社会」を実現するためにも、高齢者は福祉制度にあぐらをかくのではなく、少なくとも80歳前後までは生産人口に加わり、世のため人のために活動してほしいものです。いや、そうしてもらわないと少子高齢社会のわが国は、年々活力のない社会になっていきます。

幸いにも、私の講演や拙著に接していただいたことで、個業主として順調に独立自営の道を歩んでおられる方々が全国に大勢おいでです。その方々からお便りをいただくたびに、社会教育家と称する個業主となった私自身が、今日まで独立を維持できていることを嬉しく思っています。

この本をお読みくださった方々からも、将来、そうしたお便りをいただけることを心から願っております。

この本を書くにあたり、長い年月にわたり数々のご支援をいただいてきました全国の多くの田中真澄のファンの皆様、そして私の著作をいつも製作・販売してくださっている、ぱるす出版社のスタッフの皆様に、衷心より感謝申し上げます。

２０１６年９月吉日

田中　真澄

目次

第一章

私はどうして日経を中途退社し個業主の道を選んだのか

第一節　「秀才成功哲学」とは別の「凡人成功哲学」があることに気付く

米国バブソン大学と英国ロンドン大学の起業研究者たちが中心になってできた世界各国の起業活動の実態を調査するプロジェクトＧＥＭ（グローバル・アントレプレナーシップ・モニター）が２００２年から２００６年の５年にわたって毎年行った起業計画調査で「今後３年以内に、１人または複数で、自営業・個人営業を含む新しいビジネスを始めることを見込んでいるか」の質問に、「はい」と回答した率の最も低い国は、調査対象の24カ国の中で、いずれの年も日本でした。

ちなみに５年間平均値で日本は２・06％に対して、米国は14・９％（日本の７・２倍）、先進７カ国平均は９・28％（日本の４・５倍）となっています。

このように**現在の日本では、事業主・個業主を志す人が各国に比べて極端に少ないことが分かります。**では日本はどうしてこのような国になったのでしょうか。それを知るには日本の歴史を調べてみることです。そのわけが分かってきます。

明治維新の直後の１８７０（明治３）年、政府は太政官による調査で、明治初期の階層別人口を発表しています。それによれば、旧武士階級は６・41％、平民（農工商の合計）90・62％、その他（神官・僧尼など）２・98％となっています。

この数字から江戸末期までの日本人の９割は、自営業主とその家族であったことが分かります。幕府や藩から禄という給与をもらっていた、今で言ういわゆるサラリーマンの武士階級は、全体の７％弱しか存在しなかったのです。それ以外の国民は有史以来ずっと自律自助の生活を送っていたわけです。ですから、**歴史的に見れば、明治以前の日本人の大半は、独立独歩の人生を送るのが当たり前であったのです。**

そのことが分かれば、１８７１（明治４）年に中村正直が翻訳した英国の作家・サミュエル・スマイルズが著した『Self-Help（自助）』（翻訳版の書名は『西国立志編』）が、当時、福沢諭吉の『学問のすゝめ』と共に２大ベストセラーになったわけが理解できます。

自営業主が国民の主体であったわが国の在り様は、終戦直後の10年間までは基本的に変わらずに続きました。私が大学に入学した１９５５（昭和30）年、給与所得者である雇用者と事業主（自営業主を含む）の人口比率は45・７％対54・３％でした。その当時まではまだ自営業主の数のほうがサラリーマンよりも多かったのです。

戦後、新憲法が施行されて10年経過しても、当時の日本にはまだ江戸時代以来の国柄が色濃く残っていたと言えます。ところが１９６５（昭和40）年にサラリーマン人口が60・

7％と6割を超えてからは、日本は急速にサラリーマン社会になっていきました。この変化を促したのは戦後のアメリカ占領軍の政策にあったのです。

そこで戦後の歴史を少し振り返ってみましょう。

1945（昭和20）年8月15日の終戦と同時に、アメリカ占領軍が日本を統治すると、直ちに日本を弱体化するための政策が断行されました。その第一が、日本国の背骨の役割を担っていた強固な家族制度の手直しでした。父親を家長とする一家の絆は、占領軍にとっては最も警戒を要する日本の強みを支える仕組みと見られたのでしょう。

その日本改革の一環として、占領軍は直ちに新憲法を制定させました。狙いは家族よりも個人を重視する個人主義の徹底化で、家族の絆を精神面から崩すことでした。

それでも新憲法施行後の最初の10年ほどは、大方の国民の意識はそれほど変わりませんでした。しかし戦後15年を経過する頃から、戦後の教育を受けた日本人が増えてくるにしたがい次第に新憲法が謳う個人の権利を主張する人たちが大半を占めてきました。

新憲法第13条の「すべての国民は、個人として尊重される。生命、自由及び幸福追求に対する国民の権利については、公共の福祉に反しない限り、立法その他の国政の上で、最大の尊重を必要とする」の条項で示されている考え方は、学校教育やマスコミの影響で、徐々に国民の間に浸透し、その結果、個人主義が人々のものになっていったのです。そのことは、それまで日本人の心の支柱であった家族第一の考え方から、個人第一へと日本人の価値観が次第に変わっていったことを意味します。

家族で経営してきた家業の場合、後継者が親の後を継がず、個人主義を振りかざしてサラリーマンになっていく若者の出現で、後継者不足の状態が全国的に生じ、農家の高齢化・商店の衰退・町工場の閉鎖が進み、それが地方経済の不振を促しました。

占領軍が狙った日本弱体化政策は家族制度の弱体化を促し、それが日本の強みであった諸々の社会制度の崩壊を誘ったのです。占領軍の目論見は見事に成功したと言えます。

戦前までの自営業主とその家族には、昔から伝わる「商人道」という思想が根づいていました。「商人道」とは、江戸時代の商人出身の思想家・石田梅岩（1685年〜1744年）が唱えた神・仏・儒の3教を習合した人の生き方を示す人生哲学です。とくに江戸時代の商人の生き方を支えた思想でしたから、「商人道」と称されました。

江戸幕府は「士農工商」という階級制度の下に、最下位にランクされた商人に対して差別的な対応をとっていました。これに対して梅岩は、動物にはそれぞれ固有の行動様式があるように、人間もその人なりの職分があるとしたのです。

すなわち、士農工商は本来身分の階級差としてではなく、職分の違いと受け止めるべきだと主張し、「商人の利は武士の俸給と同じである。道徳を守って商いで得た利は、たとえ山の如くに至るとも、それは欲心からとは言えない」と分かりやすい論理で説きました。武士が幕府や藩の家来ならば、商人は街の家来であるとして、商人も身分は武士と同じでなければならないという考え方です。この梅岩の教えは、経済的に力を持ち、世の中で大きな役割を占めるようになった商人たちに自信と誇りを与えました。

この商人道の生き方は、まさしく「凡人成功哲学」に通じるものがあります。

梅岩の教えは、弟子たちによって「石門心学」と命名され、この教えを講じる心学講舎は、梅岩の死後の100年間も全国的に増え続けていき、最盛期には全国の64カ国で180カ所以上に、大きな講舎が設けられるまでになりました。

ところがアメリカ占領軍は、石門心学をはじめ日本の伝統的な文化を否定する政策をとりました。その影響で石門心学をベースとした「商人道」は、今日では一部の老舗やそれに準ずる家庭を除いては、その存在が忘れられてきています。

もし「商人道」が戦前と同様に存続していれば、今日のような善悪よりも損得を優先するといった、道徳的に退廃した経営者も社員もそんなには輩出しなかったと思います。

またサラリーマンも、大きな組織に所属することにだけに価値を見いだすのではなく、プロとして自分の才能を生かしながら独立自尊の存在価値を磨き、それこそ起業を目指す自律自助の人生をたくましく歩む生き方を、しっかりと身につけることに努力を集中していったに違いありません。

幸いにも私は、戦前の日本人の生活意識がまだかなり残っていた昭和30年初頭に大学生活を送り、この商人道をベースとして生き生きと生きていた自営業主の家庭で、家庭教師を4年間経験しました。そのことで武士道をベースにした「秀才成功哲学」に対して、商人道をベースにした「凡人成功哲学」があることを自営業主の生活を通して、気付くことができました。その気付きのチャンスを得たことは、私にとって大きな好運でした。

第二節　「凡人成功哲学」に基づいて生きれば秀才に勝る人生を全うできると知る

戦前の日本の国家の仕組みができたのは、明治維新の結果でした。明治維新は当時の薩長土肥（薩摩・長州・土佐・肥前）の雄藩の武士たちが中心になって行われたものです。

武士たちが作った制度ですから、どうしても武士の発想が制度設計の基本になります。

彼らはそれまでの幕藩体制では欧米のような近代国家にはなれないとして、国家の仕組みは欧米の制度を真似しましたが、その精神は和魂洋才の言葉通り従来の武士が心掛けてきた「武士道」が中心になりました。

それまでの武士の教育は各藩の藩校で行われましたが、武士は各藩の指導階級でしたから、彼らの受けた藩校での教育はエリートになるためのものでした。

エリートとはフランス語で「選良」を意味するところから、社会の中で優秀とされ指導的な役割を持つ人間や集団のことを指しますが、武士はまさしく各藩のエリートでした。

一方、武士階級以外の家庭の子どもたちは寺子屋で学びました。寺子屋は全国に自発的に設置され、江戸末期にはすでに国民皆教育の役割を担っていました（これは当時の日本の教育普及率が他の先進諸国を上回って世界一であったことを意味する）。

この寺子屋での教育は「商人道」が中心でした。農業・商工業に役立つための道徳教育がなされ、あわせて対人関係を良好に保ちながら商売をより良く行うための読み・書き・算盤などの具体的な生きる技術が指導されました。

ところが明治維新をリードした武士たちは、日本が先進諸国の植民地になることを危惧し、一日も早く欧米に追い付くための教育に必死でしたから、多くの外国人教師を招き、彼らの知識やノウハウを優秀な人材に吸収させました。加えて武士の子弟で優秀な人材を欧米に国費留学させ、現地において知識や技術を学ばせることに熱心でした。

まさしく明治時代の教育は国民からエリートを選び抜き、彼らを欧米に追い付く起爆剤として活用することが主眼でした。したがって寺子屋が担ってきた実務に役立つ教育の重要性が、エリートを目指す優秀な生徒たちの間では軽視されることになりました。

戦前、エリート候補の生徒が通った旧制中学校が、旧制の実業学校（商業学校・工業学校・農業学校）よりも上位校として認識されていたことがそれを示しています。その感覚の名残りが戦後の普通高校が商業高校・工業高校・農業高校よりも上に見られるという今の「普・商・工・農」の序列意識につながっているのです。

しかし戦前の日本は、小学校卒業後、さらに上級の学校に進学した生徒は全体の1割たらずでした。残りは小学校を出るとすぐ社会に出て働きました。そこで、その子たちの実務教育は勤め先が担いました。企業では社内に実務学校を設けたところもかなりありました（今でも戦前のように企業内に実務教育の学校を設けているところがある）。

社内学校を持たない企業では昔の徒弟制度やＯＪＴ（オン・ザ・オブ・トレーニング）により、先輩・上司が師匠役になって社員を指導しました。それが今でも日本の実務教育の実態です。私も日経に入社して最初の5年間は先輩の助務として働き、6年目から一人前の社員となりました。ＯＪＴで鍛えられる企業内教育は今も日本の伝統文化です。

戦前の日本人の多くは、職場での実務教育の中で「商人道」的な教育を受けたこともあって、人々は江戸時代から続いてきた道徳観と職業観を抱き、一人前の職業人になると勤め先に対するお礼の勤務（お礼奉公）をした後、その多くは独立して自分の店や工場を経営するという、いわゆる自営業主になる道を選びました。そういう人が終戦直後までは多く存在し、日本の経済発展に背後から大きく貢献したのです。

先述したように私は、事業で成功した自営業主の家庭に赴き、大学4年間、家庭教師を務めました。私が在籍した当時の東京教育大学は、戦前の東京文理科大学・東京高等師範学校が母体となって戦後に生まれた新制大学でしたが、当時はまだ戦前の学校教育の総本山であるというイメージが世間的に残っていたために、東京教育大学の学生に対する家庭教師の依頼は都内でもトップクラスで、しかもその謝礼金相場は他大学の学生よりも高額でした。とくに事業主の家庭からの依頼の場合は、さらに食事付きという条件も伴っていたため、学友の間では人気でした。

私もそうした家庭を選びました。おかげで大学時代は食事時にご主人とも親しく接することができました。戦後10年から13年目のその当時の東京は、サラリーマンの生活はまだ質素でしたが、事業で成功している人の家庭は経済的にはすでに余裕があり、生活レベルはサラリーマン家庭よりもはるかに豊かでした。

公職追放から解放され公務員になった父親の家庭に育った私は、その豪華な食事に目を奪われたものです。そして、すべての面でサラリーマンよりもダイナミックに生きている事業主の生活を垣間見て、事業主としての生き方に魅力を感じるようになりました。

私が接したご主人たちは、学歴面で秀でた人ではなく、いわば優れた凡人とも言うべき部類に属する勤勉人でした。それに対し当時の私は学歴重視の人間でしたから、事業主の世界では凡人であっても立派な人生を送っているという事実に直面して、これまで信じてきた学歴中心主義に修正を迫られました。それは私の生き方革命でもあったのです。

私の接したご主人たちは経済的な力だけでなく、人間的にも魅力がありました。そういう人が語る事業成功の体験談は実に興味深く、事業の面白さ・奥深さに対して次第に関心を抱くようになりました。そして気付いたのは、ご主人たちの生き方を支えているのは、私が信奉してきた「秀才成功哲学」ではなく、「凡人成功哲学」であることでした。

事業では、高学歴を身につけることでも秀才であることでもなく、凡人でも徳を積み、自分が選んだ職業で地道に辛抱強く勤勉な努力を積み上げれば、いずれは秀才に勝るとも劣らない人生を歩んでいけます。それを支えるのが「凡人成功哲学」なのです。

成功した事業主のご主人と語り合う中で、これからのサラリーマンは、いつかの時点で、少なくとも個業主として独立自営の道を選ぶという新しい人生観で生きることが大切であると悟りました。そしてそのためには「凡人成功哲学」をベースにした生き方を身につけることを心掛けていくべきではないかという考え方を私は持つようになっていったのです。

このような考え方は、当時のエリート志向の強い国立大学の学生には全く無縁のものであり、私は学生時代から他人とは違った異端の思想の持ち主であったことになります。そんなことで私は早い時期から、松下幸之助のような学歴に恵まれずとも事業で成功した実業人たちの伝記を読むようになりました。その読書を通じて様々な「凡人成功哲学」を具体的に学んでいったことになります。

大学では、当時、わが国の産業別就業人口の第1位は農業でしたから、私はそれを支える農村の経済・社会・教育の研究を手掛けるために、農村経済学（現筑波大学・社会経済コース）を専攻しました。農家を農業法人とみなした場合、そこに「凡人成功哲学」を導入して農業の近代化を図れないかと考えました。卒論は「農業法人に関する一考察」をテーマに選び、農家の繁栄を商人道の立場から考察することにしたのです。

そこでは従来の伝統的な農業の在り方に商工業分野で成功している事業主の考え方や経営法を導入し、農家を事業体として改革していくための試案を私なりに提言しました。

昨今は全国で農業法人の設立が盛んであり、農家を法人として考えることが普通になりましたが、今から58年前にそんなことを考える私のような人は少なかったのです。したがって、指導教官も視点がユニークであるとして力を入れて指導してくれました。この卒論執筆を通して、私はますます「凡人成功哲学」の価値を再認識することができたのです。

第三節　日経に就職し営業部門の第一線で経験を積み上げていく

大学4年の秋の就職試験は、全販連（現・全農）、読売新聞社、日本経済新聞社の三社を受験し、どれにも合格しましたが、事業経営の習得に最もふさわしいと思われた日本経済新聞社を就職先に選び、職種もビジネス経験が積める営業職を志望しました。

こうして将来は個業主になるための準備として、日経で精一杯働き、あらゆる仕事を前向きに受け止め、一日も早く一人前の実力をつけ、独立力をつけることを決意しました。しかしこの決意は、私が日経を中途退社するまで、一切口にしたことはありません。そんなことが周囲に知られたら、職場の人との協調がとれなくなると考えたからです。

入社当時の日経は総勢1、000人余の企業で、社内は編集局・業務局・工務局・総務局の部署がありました。私は業務局の調査課に配属され、マーケティング調査を担う補助業務を担当することになりました。販売の第一線で活躍することを希望していた私は、この配属が不満で、自分の希望を叶えるために上司に転属を申し出ました。

入社早々、こんな申し出をする新人は私ぐらいだったでしょう。しかし私にしてみれば、将来の個業主になるための力をつけるには、営業の最前線で「凡人成功哲学」を実践しなければ日経を選んだ意味がないとの思いから、必死になって上司に頼み込んだのです。

もしこの時、私が転属を申し出ないでいたら、私の運命はその後大きく変わっていたでしょう。大きな目標を抱いていたからこそ、この行動がとれたのだと思います。

私が最初に配属された業務局調査課には、勉強熱心な先輩たちが多く、職場は落ち着いた雰囲気でしたから、学究肌の人にとっては居心地のいいところでした。その証拠に、この職場で働いた私の先輩や後輩の中から後に大学教授になった人が3人も出ています。

私の営業の現場で働きたいという強い願いを温かく受け止めてくれた上司は、さっそく担当役員や人事部に交渉してくれ、その結果、業務局都内課に転属することができました。

その時、私は理解のある上司に恵まれことから、運のいい男だと思ったものです。その時の上司の好意的なお世話ぶりを、今も時折思い出しては感謝の念に浸ることがあります。

都内課では最初の5年間、都内23区の日経専売店のディーラー・ヘルプ（販売店援助）

の仕事を担当し、日経の経営の根幹を支える専売店主と折衝する日々を過ごしました。店主の人たちとの触れ合いを通して、事業を有利に展開していくための営業理念や具体的な販売方法を様々な方面から学ぶことができました。

私がこの職場で接した都内の専売店主は50人前後でしたが、それぞれ個性が異なるように、事業の成功を目指すやり方も違っていました。しかし、その根底に流れる「凡人成功哲学」には共通するものがあり、それを新人時代に店主を通して直接学べたことは、以後の私の生き方をプラスの方向に持っていくうえで、実にありがたいことでした。

今も忘れられない次のような思い出があります。

私が都内の担当助務になって2年目のことでした。上司の部長が都内の有力店の店主を訪問して意見を交わすことになり、最初の訪問先が私の担当であるM販売店であったことから、道案内役として私も部長に同行しました。

その店主は、他系統から日経に移ってきた60歳をすぎた超ベテランの実力者でした。

訪問すると、店主は部長を座敷の上座の真正面に据え、実に丁重な対応をしていました。1時間ほどの対話が終わり部長は先に帰りましたが、私はその後、店主と仕事の打ち合わせをするために残りました。その時、店主は私にこう語りかけたのです。

「田中さん、あなたはまだ若いし、これからの人だと思うから申し上げますが、私は今の部長さんが可哀想に思えてなりません。あの方はあと数年で定年となり無職になります。それに対して私はすでに60歳を過ぎていますがまだ現役です。跡継ぎの息子も一人前になり支店をまかせられるようになり、この店は今後も安泰です。私のような事業主には定年がありませんから、元気でいるうちは息子と一緒にこの商売を続けていくつもりです。

私は3つの新聞社の販売店主を経験してきたから言えるのですが、本社の皆さんは現役でいるうちは我々販売店よりも楽な人生を送れます。しかし定年後は仕事がなくなりますから、生き甲斐が減ります。私は新聞社の人で定年後も堂々と生きている人を知りません。

だから田中さんに忠告させていただきますが、あなたはサラリーマンで終わってはいけません。日経で定年を迎えた後は、私のように事業主として生きていけるように、今から心掛けてください。この話はあなたを見込んで話したことで他言無用に願いますよ」

この逸話は、これまで講演や拙著の中で一度も披露したことはなく、初めてここに公にするものです。あれから55年経った今日、店主との約束は今では時効でしょうから。

この店主の予言通り、その部長の晩年は病気がちで、寂しい老後を過ごして亡くなったと伝え聞いています。それだけに私はこの時の店主の話がずっと心に残っているのです。

と同時に、この店主の言葉は、「将来は個業主になる」という私の密かな志に太鼓判を押してくれたものだと受け止めました。

都内課で5年間の助務の仕事をした後、6年目に地方課に移って独り立ちの社員となり、最初の3年は富山県、次の1年は新潟県を担当しました。そして入社10年目に都内に戻りました。

地方における日経は今もそうですが、その地域のナンバーワンの店に販売を委託していますので、朝日・読売・毎日・地方紙の優れた店主と触れ合う機会に恵まれました。

都内での経験をベースに、日経以外の他系統の経営者と接しながら、新たな気付きを数多く得られたことで、私の「凡人成功哲学」に対する洞察はさらに深まっていきました。

ここで特記したいのは、富山県担当の3年間、同県が生んだ老舗群の越中富山の薬売りを詳しく知ったことです。江戸中期から全国展開を図りながら300年の歴史を重ねて商売繁盛を続けている富山の薬売りの実態に触れることができたのは大きな収穫でした。

富山の薬売りのビジネスモデルはよく知られていますが、それは無店舗販売のモデルであると同時に、個業繁栄のモデルでもあると言えるでしょう。

それは、まずお客様の家に薬箱を置かせてもらい、次に訪問したときに使った分の薬の代金を回収し、さらに薬の補充や入れ替えをするという「先用後利」と称する商法で、富山の薬売りが編み出した独自の販売方式です。その方式を維持していくには、顧客との信頼関係を築くことが大前提となります。顧客から信頼を得ながら、次々と顧客創造を重ねていくには幾多の工夫が必要です。そのノウハウを築く手法は現在のビジネスでも大いに役立ちます。

富山の薬売りの実態を学べたことは、ビジネスに対するひらめき・開眼となりました。未知のお宅に訪問し、相手に薬箱を活用してもらうように説得し、その後、長い年月にわたって顧客との関係を良好に保つためには、それなりのノウハウが必要です。と同時に、顧客に感動を与えられるような自己犠牲・勤勉・辛抱・正直・感謝の姿勢で顧客の問題解決に臨む人間性が求められます。この人間性を無視して富山の薬売りは成り立ちません。

ビジネスは最終的には当事者の人間性で決まるという明白な事実を、私は富山の薬売りから学ぶことができました。豊富な知識や優れた技術を有しているだけでは、ビジネスを有利に展開していくことはできません。そのことを早い段階で悟ることができた富山の薬売りとの出会いは、私の人生上の画期的な出来事、すなわちエポックメーキングでもあったのです。

第四節　日経マグロウヒル社出向で良い顧客を創造するビジネスの在り方を学ぶ

こうして日経在籍10年で、私はサラリーマンから個業主になる人生設計を心に描くことができるようになりました。そんなときに、新設の出版社・日経マグロウヒル社（日本経済新聞社と米国マグロウヒル社が直販の雑誌を発行するためにできた合弁会社で、スタッフは全員日経からの出向社員）の販売責任者として私に白羽の矢が立ったのです。

書店に頼らずに読者をゼロから創り出す直販システムの出版事業は、新聞業界では誰も経験したことがない新分野でした。日経は、米国企業との合弁会社でスタートする以上、失敗は許されず、威信を懸けて取り組むことになったのです。その困難な仕事は快楽志向のサラリーマンなら尻込みするところですが、私はこの機会を自分の実力養成のためにも生かしたいと考え、成功するまではどんな自己犠牲もいとわない覚悟で臨みました。

実際に、仕事は想像以上に大変でしたが、何とか乗り越えることができたのも、将来のことを考え、サラリーマン根性をかなぐり捨てて事業主魂で臨んだからだと思うのです。

この貴重な経験から、サラリーマンで終わってはならないという意識をますます強く抱くと同時に、日米合弁のビジネス現場での経験は、私の生きるうえでの自信になりました。

しかし、当時も今もそうですが、私が経験したような異質な環境で働くことを自ら望むサラリーマンは少数派です。多くはできるだけ苦労の少ない道を選びたがります。

そこにはサラリーマンとして終わるという従来の人生観しか見られません。これから長くなる人生では、その人生観は通用しなくなります。サラリーマン時代にできるだけ多くの経験を積んで、将来は事業主になるという目標を抱きながら生きることが必要な時代になってきたと、早く気付くことが大切です。

それに気付けば、サラリーマン時代に数多くの異質の経験を積むことによって、そこから学ぶことが実に多いはずです。私の場合は入社以来、職場で新しい事案が生じたときは、いち早くその仕事を志願したものです。かなりの失敗も重ねましたが、それがまたいい学習であり、いい経験になりました。

「困難よ、われに来れ！」は実力を磨くうえでは欠かせない自己激励の言葉です。辛いことを避けようとする昨今の風潮には絶対に乗ってはならないと自戒すべきです。

日経マグロウヒル社の業務提携先の米国マグロウヒル社は当時全米一の出版社でした。社内は書籍部門と雑誌部門とで構成されていました。雑誌は世界の指導的なビジネスマンが読む経済経営週刊誌『Businessweek』をはじめ、電子技術月刊雑誌『Electoronics』、建築技術雑誌『Architecture』、医学情報誌『Medical』などの技術雑誌を数多く発行していました。

まず私たちは『Businessweek』誌と提携し、『日経ビジネス』を創刊することにしました。この雑誌は読者をビジネスリーダーに限定し、年間購読料の前納が条件で、しかも雑誌は自宅に直送し、店頭販売はしないという、これまで日本の経済誌ではなかった新しいシステムでスタートすることになったのです。

しかも創刊号の読者を最低5万名とするというのが、現場責任者の私に対する至上命令でした。日本における経済誌のほとんどは、書店を通して販売されていましたから、直販で5万部を確保するのは無理ではないかというのが、出版関係者の一般的な意見でした。

私は市場調査を兼ねて、経済雑誌の老舗である東洋経済新報社・ダイヤモンド社・実業之日本社・プレジデント社・日本実業出版社（大阪）を訪ね、意見を聞いて回りましたが、どこも『経済誌で最初から5万の読者を募るのは無理だ』との否定的な返事ばかりでした。

ところが私は、その頃の日経は250万部の新聞を発刊していましたから、そうした新聞の部数からすると5万部というのは日経紙の2％に過ぎませんから、雑誌界の人々の反応をいぶかしく感じました。つまり内心では5万部ぐらいはできるだろうと楽観的に考えていたのです。

ところが実際に読者獲得の仕事を始めてみると、読者資格をビジネスリーダーに限定したこともあって、5万名の目標はかなり厳しいことが分かってきました。一般的には直販ビジネスで顧客を獲得するのは、ダイレクトメール・テレフォンセールス・新聞広告・セールスマンなどを通じて行うのが常套手段ですが、それらの手段を使っているだけでは、わずか6カ月の期間で5万部を達成することはとても無理だと分かり、そこで、本社販売局の応援を得て、全国の新聞店に対して読者獲得のキャンペーンを展開し、現在の日経読者の最低2%、すなわち100人から最低2名の『日経ビジネス』を獲得してもらうことにしました。

その運動を推進するために、私は各地の店主会に出席し、熱意を込めて販売協力を頼んで回りました。それまでの10年間、新聞販売の現場を歩いてきた私だけに販売店側は私の立場を理解し、日経の仲間たちの後押しもあって、販売店からの部数が刻々と増えていき、ついに目標の5万部を達成でき、発刊時には7万部を確保することができました。

この一連の販売業務を通じて、地上作戦の重要性、つまり現場での人による波状攻撃が緊急時にはいかに大きな力になるかが骨身にしみました。どの業界でも販売代理店の育成と増強に力を注いでいる意味がよく理解できました。

そこで、この経験を生かして、日経マグロウヒル社も専属のセールスマンを擁する会社を設立することにしました。当初は日経マグロウヒル販売株式会社として発足し、それが現在の日経ＢＰマーケティング株式会社となって発展しているのです。

新設した販売会社の営業部員募集・教育・営業展開の仕事は、日経本社の応援を受けながらすべて私が責任者として担当しました。その仕事から、大企業での回覧形式の読者募集の方式を編み出すことができ、これが今では雑誌界の有力な販売ルートになっています。

さらに家庭の主婦を活用したテレフォンセールスの方法も模索し、見込み客へのダイレクトメールのフォローアップとして行うことで、大きな成果を上げることができました。

それにしても新しい試みを次々と展開する私の活動を、理解し支援してくれた上司に出会えたことはラッキーでした。同時に、こうして新しい仕事を通して私の人間力を鍛えることができたことは、私の運の良さを示すものでもありました。

その中でも何よりの収穫は、事業を永続的に展開していくには、良い顧客を創造することを厳守するという米国マグロウヒル社の経営思想を会得できたことでした。

『日経ビジネス』の創刊を告知する新聞広告で「肩書のない方はお申し込みにならないでください」とのフレーズを前面に打ち出し、ビジネスリーダーに限ることを訴求したことで、世間からかなりの反発を受けました。なかには公正取引委員会に提訴するというクレームもありましたが、幸いに独占禁止法の特例として、雑誌の場合、発行者は主体的に読者を選ぶことが認められることから、こうした事態を乗り切ることができました。

この読者の資格を厳守し、一定のレベル以上の人たちを量として確保することが、雑誌の編集・販売・広告の業務において著しい効果があると実感できたことは、以後の私の生き方にも大きく影響し、併せて老舗が良い顧客に執着する理由も理解できました。

「小よく大を制す」の言葉の裏には、小の存在を支える良き顧客・良き協力者が存在することを忘れてはなりません。このことから私も、講演業を独立して行うに際に、講演先を選ぶことにし、公開講演会の場合は、入場料を支払ってくれる聴講者に限定することを原則としました。このやり方は批判を浴びることもありましたが、結果としては、ビジネスとしての講演業を長続きさせる良き顧客の群れの地盤を形成できることにつながりました。今日、80歳を超えても現役として活動できている要因はここにあるのです。

第五節　福祉政策の充実で日本人から自助の精神が欠落していくことへの危機感を

私が中学校を卒業したのは1952（昭和27）年の春です。まだ戦後7年目で私の家族も含めて日本人の多くは質素な生活を強いられていました。ですから高校に進学できる生徒は卒業生の2割程度でした。残りの8割の同期の仲間は卒業と同時に就職していきました。そんな時代の卒業式でしたから、校長先生は「卒業生の諸君の多くは明日から社会人になります。そこで君たちに〝自律・自助〟の言葉を贈りたい。これは自らを律して、他人に頼らず自分の力で生きていくことを表わしています。どうか〝自律・自助〟の言葉を座右の銘にして頑張ってほしい」と訓示してくれました。

校長先生のこの言葉は、なぜか私の心に沁み込み、今もそのときの場面を鮮明に覚えています。そして、これからは今までのように親や世間に甘えてはいけない、早く自分の力で生きていけるようにならなければ……との思いを強く抱きました。そんな思いで高校に進学した私は、できるだけ親の経済的負担を軽減できるように国立大学への進学を目指すことにしました。私の住んでいた福岡県大牟田市から自宅通学できる国立大学の一期校は九州大学と熊本大学でしたので、とりあえず目標は九州大学でした。

その頃九州大学のような旧帝大クラスを狙う仲間たちは私も含めて、旺文社の『蛍雪時代』という月刊の受験雑誌を読んでいました。一方で科目別の受験誌も英語では『高校英語研究』（研究社）、数学では『大学への数学』（東京出版）、国語では『学燈』（学燈社）が月刊で出ていました。

私は休日に自転車で書店めぐりをすることを楽しみにしていましたから、それらの科目別受験誌は書店で立ち読みしたものです。いつの時期かは忘れましたが『学燈』の巻頭言に「自律・自助」のことに触れた一文がありました。この一文が中学卒業時の校長先生の言葉と符合したこともあり、幾度も読み返しました。そしてますます「自律・自助」の生き方の大切さを認識し、それ以後は「自律・自助」が私の心の道標になりました。

このように今から60余年前の日本では、受験雑誌にも自律・自助の言葉が出るほど、自己責任で生きていくことが人々の間で問われていたのです。ところが今、この言葉が若者の間ではもちろん、大人の間でも口にされることは滅多にありません。それだけ生きることに対する日本人の姿勢は甘くなり、自律・自助の精神は弱体化しています。

その最大の要因は政府の福祉政策にあります。福祉政策が充実してきたことで、国民は生活に困れば政府・地方自治体に頼ればいいという気持ちを持つようになりました。今では職を手にできないと若者までが生活保護を受けるような現象が多発しています。

私の世代までは生活保護を受けることを恥とし、「どんなに貧乏しても国の世話にだけはならない」という気持ちが強かったものですが、**最近は生活に困窮するとすぐ生活保護の受給を申請し、地方自治体の世話になる人が増えてきています。そうした事例に接するたびに日本人は自助力をなくし、矜持を持たない民族になったと感じてしまいます。**

先述した明治時代のベストセラー『自助論』は今も現代語訳になって読まれていますが、その冒頭の「自助の精神」には、次の文が記されています。

「自助の精神は、人間が真の成長を遂げるための礎である。自助の精神が多くの人々の生活に根づくなら、それは活力にあふれた強い国家を築く原動力ともなるだろう。

外部からの援助は人間を弱くする。自分で自分を助けようとする精神こそ、その人をいつまでも励まし元気づける。人のために良かれと思って援助の手を差し伸べても、相手はかえって自立の気持ちを失い、その必要性をも忘れるだろう。保護や抑制も度が過ぎると、役に立たない無力な人間を生み出すのがオチである。

いかにすぐれた制度をこしらえても、それで人間を救えるわけではない。いちばんよいのは何もしないで放っておくことかもしれない。そうすれば、人は自らの力で自己を発展させ、自分の置かれた状況を改善していくであろう。

だが、いつの時代にも人は、幸福や繁栄が得られるのは自分の行動ではなく制度の力によるものだと信じたがる。だから『法律をつくれば人間は進歩していく』などと過大評価が当たり前のようにまかり通ってきた。

確かに、法律がうまく施行されれば、人は個人的な犠牲をさほど払わずにそれぞれの労働（精神労働や肉体労働）の果実を楽しむことができる。だが、どんな厳格な法律を定めたところで、怠け者が働き者に変わったり、浪費家が倹約に励みはじめたり、酔っぱらいが酒を断ったりするはずがない。自らの怠惰を反省し、節約の意味を知り、酒におぼれた生活を否定して初めて人は変わっていく。われわれ一人一人がよりすぐれた生活態度を身につけない限り、どんな正しい法律を制定したところで人間の変革などできはしないだろう」（竹内均訳『スマイルズ自助論』（三笠書房）

当初、九州大学を目指して受験勉強をしていた私は公務員である父が定年になる55歳までに卒業できないこと、しかも浪人でもしようものなら自宅で親の世話になることはできないと考え、アルバイト先の多い東京に出て、働きながら大学に通うことを考えました。

そこでいろいろ調べて分かったのは、国立一期の東京教育大学は学生のための寄宿舎が完備しており、奨学金も他大学よりも恵まれ、家庭教師のアルバイトもしやすいことでした。そこで受験志望先を九州大学から東京教育大学に変更しました。このことに父も同意してくれ、合格したら家庭教師として受け入れてくれるところを父の紹介で予め見つけることもできました。

さらに万一、不合格になる場合も想定して、国立二期の東京学芸大学も受験する手配をして上京しました。

ラッキーなことに東京教育大学に現役で合格し、寄宿舎にも入れ、奨学金も手にすることができました。そこで父には在職中だけ少し仕送りしてもらうことにし、後は自分の力でやっていくことにしました。

家庭教師のアルバイトも父の紹介先から始まって、次々と見つけることができました。

入学当初は、卒業したら教育大学の先輩たちが活躍している福岡県の教育庁に勤めて、教育行政に携わることを考えていました。ところがアルバイト先の自営業主の家庭にお邪魔しながら、ご主人とも親しくなって話しを重ねていくうちに、先述したように、事業で身を立てることの素晴らしさを感じるようになりました。

そこで、卒業したら最初はサラリーマンになり社会人として力をつけ、その後は独立して何らかの個業主になるという人生計画を持つことにしました。そうとなれば、郷里に戻るよりも東京でビジネスの経験をすることが最適であることから、他大学の学生のように有力な民間企業に就職する道を選ぶことにしたのです。

先述したように入社試験に合格した3社のうちの2社は、どれも日経よりも規模は大きく待遇も良かったのですが、あえて日経を選びました。日経は将来大きく成長する可能性を秘めており、そこで働けばより多くの学びを得、実力もつけられると考えたからです。

この選択は正解でした。全農や読売では多分できなかったであろう様々な異質な経験を日経で積み重ねていく機会に出合えたからです。

その1つが、日経は都内以外の地域は他社の販売網に委ねていたことから、他の新聞社や系列の販売店との交流ができ､多様なビジネスケースを広く学ぶことができたことです。

その2つは、日経マグロウヒル社で、英語の文書に日々接することができ、しかも米国本社との連絡を通じて、国際ビジネス力を磨けたことは、私の自信にもなりました。

第二章

将来の個業主を目指すためにも事業主となったときのメリットを知る

第一節　学歴主義から解放される事業主の生き方

明治維新によって士農工商の階層制度は崩壊し、四民平等の社会が実現しました。この改革は武士階級以外の人たちからは大歓迎されましたが、旧武士たちにとっては、生活の保障が約束されていた世襲制度の特権を失ったことによる危機感は相当のものでした。

そこで心ある武士たちは、子弟を当時の上級学校である旧制中等学校・旧制高等学校・旧制帝国大学に進学させて「学歴」をつけさせ、その学歴を「武士」に代わる特権と見なすような学歴社会を形成していったのです。

一方、それを見習うように、豪農や豪商といわれた裕福な家庭においても、子弟を競って上級学校に進学させました。それは新しい国家のリーダーとなるエリート階級を創り出すことに加担したい国民側からの動きでもあり、学歴をつけることによって世間を有利に生きられるとする学歴主義が、ここに全国的に誕生したのです。

一方で、時の政府も近代国家建設に欠かせない有能な人材を発掘するために、貧しい家庭の子弟でも優秀であれば、彼らを丸ごと国費で養成する教育制度を創設しました。

陸海軍のリーダー養成のための陸軍士官学校・海軍兵学校、逓信省職員養成のための逓信官吏練習所、農商務省職員養成のための水産講習所、鉄道省職員養成のための鉄道教習所などがそうです。

これらの学校の卒業生はそれぞれの分野でリーダーとして活躍できる地位が用意されていただけに、わが子の立身出世を願うも経済的に恵まれない家庭の親たちは、こうした丸ごと官費で卒業できる学校に子どもたちを進学させようと必死でした。

しかし、限られた入学定員に何十倍の応募者が殺到するため、よほどの秀才でなければ合格は無理でした。そのことはすべてを官費で賄える学校に共通することでした。

ここに「秀才成功哲学」が生まれる素地があったのです。学校で秀才と呼ばれ、恵まれた条件の学校に進学できれば、その後は国家機関のエリートとして昇進が約束されます。その道を歩むための「秀才成功哲学」が、多くの人に求められたのはそのためです。

優秀な生徒や教育熱心な親たちが「秀才成功哲学」に夢中になる中で、そうした立身出世の道とは反対に、商売で成功することに熱心な人も大勢いました。ところが学校は秀才を育てることに懸命で、商売で成功していく道を探求することには無関心でした。

江戸時代の武士の間では商売で成功する人を蔑む気風がありましたが、その気風が明治以後の学校教師にそのまま引き継がれていったからだと思われます。そのために学校教育では、商売の道で成功することを教える教師も教科書もありませんでした。東京教育大学の卒業生である私は、自信をもってそう言い切れるのです。

戦前の旧中等学校・旧女学校・旧専門学校・旧高等学校の教師養成の総本山として、教育界に絶大な力を発揮した東京文理科大学と東京高等師範学校は、1949（昭和24）年に戦後の教育改革によって一般の新制大学・東京教育大学として発足しました。

その発足から6年後の1955（昭和30）年に、同大学に入学した私は学内に昔の雰囲気がまだ残っているのを随所で感じました。教授陣もそうでした。ですから、戦前の教育はどうであったのかを授業中の教授たちの話から類推できたのです。その経験から、凡人成功哲学の基に事業で成功する道を学校で教えた形跡はなかったと確信したのです。

では「凡人成功哲学」である商売成功の道は、どこで教えられたのでしょうか。それは専ら商店や中小企業の現場で伝えられていったのです。

そのことをはっきり意識したのは、老舗の生き方に関心を寄せるのは中小企業の経営者たちであって、学校秀才が集う官公庁や大企業の人たちではないという事実を知ったときでした。したがって「凡人成功哲学」を学ぶには、老舗に関心を寄せることが必要なのです。

「人の行く裏に道あり花の山」という言葉があります。これは桜の花見に行くときに、人

通りの少ない裏道を行くと、素晴らしい眺めをゆっくりと楽しめることから、成功したければ、多くの人が志向する道と逆の道を行くのが得策であることを意味しています。

同じように、官公庁・大企業への就職を表道と考えるならば、その逆の裏道とは、学歴にこだわらず、自分が選んだ事業の道を歩みながら、堂々と生きていくことを指します。

　自分が主体的に選んだ道をどんなに前向きに進んでも、最初からうまくいくことはありません。数々の苦労に出合い、思わぬ失敗を重ねながら、時には逃げ出したくなる心境に襲われても、それでも耐えに耐えて勤勉一筋に続けていけば、そのうちに少しずつ道は開けていき、ついには前途洋々たる人生を見つけることができるのです。

　個業主を含めて中小企業の経営者で成功している人たちのたどってきた道も、まさしく誰も通らない裏の道だったのです。この裏道こそが「凡人成功哲学」です。

　ですから大勢の人が歩きたがる表の道は、「秀才成功哲学」になるわけです。その道は流れに乗って進むことはできますが、自分で好きなように歩ける裏道と違って、競争は激しく、また成功の確率も低いと覚悟すべきです。

　この「秀才成功哲学」をベースとする人生街道は、官公庁・大企業のように大組織に所属するサラリーマンが歩む道でもあります。そこでは学歴が問われ、場合によっては家系も問われます。したがって人並み以上の立身出世を望むとなれば、かなりの苦労は避けられません。しかも最近は組織が大きいからといって、その組織にあぐらをかいているわけにはいかなくなりました。企業の大型合併や海外企業への身売りなどが日常茶飯事に行われるようになったからです。

サラリーマンの身分が不確かな時代を迎えたのです。途中でリストラになり、途方に暮れる人たちが増えているのはそのためです。この傾向はこれからも増えていくでしょう。

1997年9月に発刊された翻訳書『となりの億万長者』（早川書房）は、19年後の今もなお読まれているロングセラーです。この本は2人の大学教授がアメリカの億万長者の生活を1万件以上も調査し、その結果をレポートしたものです。

その調査で分かったのは、アメリカの本当の金持ちは、映画に出てくるような豪邸に住み、豊かな消費生活を満喫している人たちではないことです。ではどんな人が金持ちなのか、2人の著者はこう述べています。

「たいていは、成人してから住み着いた町にずっと住むビジネスマンである。小さな工場やチェーンストア、サービス業の会社を経営し、離婚せずに家庭を守ってきた人である。彼らは、自分よりはるかに少ない資産しか持たない人たちのとなりに住む、ごく普通の人だ。彼らは強迫観念にとらわれたように貯金し、投資する。独力で金を稼ぎ、金を貯める。

アメリカの金持ちの8割は一代で富を築いている」

ここに示されている如く、アメリカの本当の金持ちは一流大学を出て大企業に勤め立身出世を果たした「秀才成功哲学」の道を歩いた人たちではありません。地味な生活をしながら、自分が築いた事業に懸命に打ち込みながら堅実に生きている、まさしく「凡人成功哲学」の道を歩んできた人たちです。

サラリーマンは成功した事業主に経済的には及ばないのが普通です。日本でも同じです。事業主には定年がありません。ですからサラリーマンが無為に過ごしやすい定年後の長い歳月で、定年のない事業主はどこまでも事業を通じて資産を形成していけるのです。超長寿社会で生きる私たちは、この事実から目をそむけてはならないと思います。

第二節　労働基準法に関係なく思う存分働くことができる

これまで述べてきたように、日本の学校では「秀才成功哲学」をベースにしたサラリーマン養成教育を行っており、凡人が好きな事業で成功していくための「凡人成功哲学」を教えてはくれません。したがって将来、個業主として生きていくことを考えるならば、自分で、成功した事業主を模範にしながら自発的に学ぶ機会を作るしかありません。

幸いに、事業で成功している人は、自分の個人史を書籍に書き残してくれています。まずはそうした本を読むことから始めていけば、次に何をすべきかは次第に自分自身で悟るようになるものです。

私の場合は、通勤電車の中でそうした本を読み続けました。往復3時間の電車の中で読んだ本は20年間で2000冊近くになりましたが、そのうちの約3割は古今東西の事業で成功した人たちの自伝や伝記でした。

そのくらい読み込んでいけば、自然に「凡人成功哲学」の神髄が理解できるようになります。よく「成功には哲学も法則もない」と言う人がいますが、それは短絡的な見方だと思います。数多くの成功事例を研究していれば、どの事業にも共通した成功法則を見いだすことができることに気付かされます。

その最大のものが仕事への時間の集中投下です。選んだ仕事においては働いて働いて働きまくることが、事業成功の第一歩です。この働くという意味には、仕事について四六時中よく考え続けることも含まれているのは言うまでもありません。

ところがサラリーマンの世界では、仕事と自分の時間とを区別し、最近は仕事を短時間に処理して、できるだけ自分の時間を好きな趣味などに使うことをよしとする考え方が主流になってきています。

これは労働政策上の世界的な流れであり、長時間労働は悪とする仕事観が政府の労働政策を通して、産業界に確立されてきていることは、今や誰もが知るところです。

したがって最近の職場では短時間労働を推奨する動きが盛んで、残業の多いところはブラック企業として労働基準監督署によって摘発されるケースも増えてきています。

しかし、これはサラリーマンの世界の話であって、事業主の世界では全く通用しない話です。その証拠に、労働基準法（以下の記述では労基法と略称）ではサラリーマンと事業主の違いを明確に区別しています。

それを知るには労基法第116条2項を読んでみることです。条文には次のように記されています。

「この法律は、同居の親族のみを使用する事業及び家事使用人については、適用しない」

つまり事業主と同居の家族・お手伝いさんの労働については、労基法の適用外になるのです。したがって**事業主本人とその家族は、どんなに長時間働こうと、休日労働・深夜労働をしようと、一切、労働基準監督署はそのことに手出しはできないのです。この労基法第116条第2項は、事業主の特典と言えます。ですから、この特典をフル活用することが事業主として成功していく第一歩になるのです。**

ところが長い間サラリーマンをしていると、この116条2項に示されている事業主の特典に気付かないのです。むしろサラリーマンの習性で、長時間労働を悪とする発想が脳内に沁みついてしまい、そのマイナスイメージの発想から抜け出せないでいる事業主が世の中には実に多いのです。

そこで私の講演会では、話の途中で私の名刺を参加者に見せながら、こう話すのです。「みなさん、私は講演の仕事を始めてもう30有余年が経ちました。その間、マスコミに登場することのない私が、それでもずっとこの仕事を続けることができたのは、なぜだと思われますか。それはこの名刺の住所のところに「年中無休・24時間受付」という1行が印刷されているからなのです。

この1行には、お客様、何かご用がございましたら、いつでもお電話ください、という私の姿勢が示されています。お客様は、どんなときでもすぐ対応してくれるところを求めていますから、どんなときでも即時対応の迅速なサービスに徹していれば、お客様は、あの人は信頼できるよ、頼りになるよ、と周り方々に伝えてくれます。その良い評判が顧客からの紹介につながり、つまり引きを呼び、事業はうまくいくようになるのです」

実際に、私の講演をサラリーマン時代に聴いて、独立と同時に私のような名刺を作り、顧客対応に全身全霊を傾けてきた事業主は、どなたも仕事は順調です。不況下にあっても、その順調さは維持しています。

先日、パソコンのソフト開発の会社を立ち上げた社長に出会って名刺を交換したところ、そこに「年中無休・24時間受付」の1行が朱色で印刷されていました。そしてこう話されました。

「田中さんの話を聴いて、他者との差別化は年中無休の姿勢が決め手になると考え、以来、それこそ便所の中でも風呂場でも、携帯電話を持ち歩き、お客様からの電話に即時対応してきました。おかげさまでお客様に可愛がられ、その結果、お客様のご紹介で次々と良いお客様とのご縁ができ、事業は順調です」とお礼の言葉をもらうことができました。

労基法が示す事業主の特典を活用し、顧客第一の姿勢で臨めば、必ずや良きマーケットが形成されていくことを、こうした事例が教えてくれています。

今の日本のサラリーマンは、憲法と労基法に守られて、仕事に対する姿勢が年々甘くなっています。仕事のために、時には家族サービスを犠牲にし、日曜・休日も返上して働くことをよしとしなくなり、できればそういう仕事は避けたいという気持ちを抱いています。

一方、私も含めて1964（昭和39）年以前にサラリーマンになった日本人は、会社のためなら長時間労働もいとわなかったのが普通の状態でした。

戦後の日本の驚異的な復興は、事業主だけでなく、こうした猛烈サラリーマンとそれを支えた妻や家族の存在があったからこそ実現できたのです。

ところが今のサラリーマンは、こうした働きぶりを評価しようとはしません。それは昔の古臭い話であって、現代には通用しないものだと本気で考えているようです。

しかしその考えは甘いと思います。個業主の世界では今もそうした猛烈な働きぶりが通用しています。ですから仕事で個業主と接するサラリーマンは、相手が年中無休で働いている場合は、それに応じた働き方をしなければ、個業主から爪弾きにされます。

例えば、コンビニは年中無休の営業システムですから、コンビニ相手の流通業界では、年中無休・24時間体制が当たり前です。スタッフは交代制でその仕組みを支えています。

この仕組みは今では国際ビジネスに携わる業界に浸透してきていますので、年中無休の体制そのものは日本企業の常識になってきました。企業を構成するのは人ですから、人々の意識もそうなって当たり前の世の中になったのです。

個業を目指す人にとって最も大切なことは、この年中無休、即時対応の精神です。実際には日曜・休日に限らず休みたいときは休めばいいのですが、ただ心構え（心の姿勢）としては、常に顧客のニーズに１００％応える体制を保持しておく必要があるのです。

21世紀はサービス産業中心の社会であると言われて久しいのですが、サービスとは相手

の状況に即時対応することです。決して自分中心ではないのです。ですから、サービスしがいのある良客を形成し、その顧客には全身全霊で尽くすことです。それが理解できている人がいまだに少ないように感じているのが、昨今の私の心境です。

第三節　定年のない仕事に従事できれば、その収入は最高の年金でもある

経済的に余裕のあるサラリーマンの多くが定年になると、実践するのが長年の夢であった夫婦旅行です。それも海外に出向く人が多いようです。そしてサラリーマン時代にやりたくてもできなかったことを一通りやり終えて一段落すると、夫婦が改めて痛感するのは、勤め先をなくし、仕事から離れたことのむなしさです。

仕事から早く解放されたいと願って定年を迎えた人も、これから始まる長い老後を考えると、無職でいる状態がいかに不安なものかを感じるようになり、同年代の人で個業主のように自分の仕事を持っている人が、次第にうらやましくなっていくのです。

この気持ちはサラリーマン時代の仲間内では互いに口にしませんが、すでに個業主として定年の年齢を過ぎても働いている人には、その気持ちを「あなたは仕事があるからいいですね」と打ち明けるのです。私も個業主の一人ですから、その言葉を何度も聞かされて

います。

イギリスの作家チャールス・キングスレー（1819年〜1875年）は「毎朝、床から起きたら、たとえ好きであろうと嫌いであろうと、何か一つやるべき仕事があることを神に感謝しよう」と言い残したそうですが、この言葉は日々仕事に追われているサラリーマンにはピンとこないと思います。仕事があるのが当たり前と考えているからです。

ところが、全く仕事がない状態が続き、経済的な不安を感じながら過ごしていると、自分の仕事を持ちたいという気持ちが湧いてきます。とくに日本人は仕事をすることが生き甲斐としてきた民族ですから、何もやるべき仕事がなくなると、自分が世の中から取り残され、必要とされていない人間になったのではないかと感じてしまうのです。


企業には「経営目的」（経営理念）があるように、個人にも「生きる目的」があります。その「生きる目的」を私は次のような言葉で提言してきました。

「生涯、自分の心を磨き続け、死ぬまで世のため人のために尽くす（働く）こと」、つまりは「生涯学習、生涯現役（終身現役）」ということです。

企業が経営目的からはずれたことをやれば世の批判を浴びるように、人間も生きる目的から逸脱した行動をとれば、同じく世の中から批判を浴びて当然のはずです。

つまり、生きる目的からすると、定年を迎えたら仕事から解放されていいという考え方は、今日では間違いになってきたのです。それは人生が50年か60年で終わっていた昔には許されたことですが、今は人生が昔よりもおよそ2倍になったのですから、働く年数も2倍でなければなりません。そうでなければ世の中の仕組みがうまく作動しないことになります。

この冷厳な事実を、日本ではほとんど誰も指摘しません。むしろ老人福祉の思想の下に、高齢者の自律・自助を促すことよりも、高齢者保護に世間もマスコミも関心を寄せ、政府もその方向に政策を展開するばかりです。

今から13年前の２００３年、『日経ビジネス』は1月27日号で「もっと働け日本人～新モーレツ主義のススメ」と題する特集を組み、日本国民がもっと仕事に打ち込むべきだというキャンペーンを張りましたが、この働きかけはその後、世間に広がることはありませんでした。国民の88％がサラリーマンとして働いている日本社会では、人々は仕事よりも趣味や個人生活に関心が強くなっているからだと思います。

その普段の仕事への関心の弱さが、老後の仕事に対する準備のなさにつながっているのです。ですから自分が無職になって心細さを痛感するようになって、やっと仕事を持つことの重要性に気付くのです。

何度も繰り返しますが、これから年々、老後ミゼラブル・老後貧困・老後破産・老後危機・下流転落といった言葉で表現されている高齢者層の困窮状況が増えていくでしょう。

多くのサラリーマンは自分を中流階級と考えているようですが、このまま老後対策をしないで手をこまねいていれば、定年後には下流階級に転落する危険が待っています。すでにその兆候は世の流れになりつつあります。「下流老人」という言葉が最近はマスコミに登場するようになりましたが、それは中流から下流に転落する高齢者の増加があるからです。

高齢社会の3大ミゼラブルは「孤独死」「認知症」「犯罪」と言われています。サラリーマンが勤め先を離れて組織の一員でなくなることによって心理的には孤独感を感じ、それが講じると「孤独死」に追い込まれるようになります。また職場の仲間との交流がなくなり、コミュニケーションの場や機会が激減していくと認知症になりやすくなります。さらに経済的に困窮することで、やむを得ず窃盗や詐欺などの「犯罪」を犯すようになることから、この3大ミゼラブルが表面化したのです。

こうした老後のマイナス現象に巻き込まれないためには、とにかく定年後も何かの仕事を持つことです。何の専門的な技能も知識もなければ、まずはお手伝い的な仕事を専門にすればいいのです。

アメリカではインディペンデント・コントラクターと称する独立契約請負人というフリーの仕事をする人が増えています。これは定年後、自分のできる仕事を一個業主として請け負うビジネスを指します。掃除を専門にする場合は、どこかの掃除代行会社と契約して請負業者として仕事をするというふうに。こうした請負業も立派な個業です。

最初はだれかに頼まれて始めた仕事でも、いろいろやっているうちに自分の得意な分野が分かってきます。そうしたら、その分野の中で自分のアイディアを生かせる領域を専門の仕事にしていけばいいのです。そうした事例は、起業で成功した人を調べればいくらでも見つかります。

そこで大切なのは、個業主になることを目指す決意を早く抱くことです。その決意が次の行動を促します。幸いなことに、日本の各都市には起業を志す人たちの勉強会がありま す。その会のメンバーになれば、同じ志を持つ人たちとの交流ができ、そこから生の情報を入手できます。

定年後の孤独な状況から抜け出す意味でも、地域の中で交流を図る会合に参加することが重要です。私は仕事柄、そうした勉強会に講師として招かれる機会がありますが、どの会合でも学習意欲の高い人たちが集い、講師である私やメンバー間での情報交換が盛んに行われます。そのやりとりを聴いているだけでも参考になり刺激になるものです。

個業主として成功する第一歩は良い仲間との交流です。独りぼっちでは何事も始まりません。個業主として生きていこうとしている人は、お互いに助け合いの精神に富んでいます。相手から信用されれば、そこから縁が生まれ、思わぬ仕事の紹介につながるものです。

私はこれまでの講演・著作で、再三にわたって「一引、二運、三力」の言葉を使ってきましたが、人生の成功要因の第一は他人様からいただく「引き」です。すなわち「○○さんに頼みなさい」「あの人は信用できるから相談してみたら」といった紹介をいただくことです。

この紹介のご縁ができない人は、どんなに知識や技術が優れていても仕事の注文が少ないことから事業は長続きしません。

個業も事業です。事業は長続きしてこそ本物です。5年、10年、20年と事業が続いていけば、その事業から得られる所得は最高の年金です。しかもこの年金は自分の努力次第で増額できる可能性があり、続けることで所得は確実に手にできます。

第四節　個業主になることで得られる特典を大いに享受しよう

個業主を志す人には少なくとも3つの特典が待っていると考えられます。

第一は、年金受給者が個業主として独立した場合は、年金の減額はありません。

これは個業主にとって実に大きな特典と言えましょう。

一方、年金をもらっていた人が再就職をした場合、年金月額と勤め先からの給与月額の合計が28万円を超えると年金が減額されます。その減額は年金月額に応じて決まります。しかし、この個業主の特典をいまだに知らない人がいます。そういう人は「年金をもらっているから働いたら損だ」と思い込んでいます。

個業主は自己責任で生きていかねばならぬ人間です。そこがサラリーマンと違う点です。サラリーマンはいざとなったら、勤め先が面倒を見てくれますが、個業主は、もし仮に不都合なことが起きた際は、すべて自分の責任で対処しなければなりません。その個業主の弱い立場をかばう意味もあり、年金は減額しないことになったのだろうと考えられます。

定年後、個業主になれば年金が全額支給されることがわかっていれば、自分は守られているという気分になり、どんな困難にも挑戦しやすくなります。あるいは年金が全額もらえることで、無理な条件で働くことを控えることもできます。
そのことを考えると、年金を受給されている人は年金だけに頼らず、どんな小さなことでもいいのですから、やりたい仕事を個業主として自分なりのペースで手掛けていくべきです。そのほうがどれだけ生き甲斐のある人生を歩めるか、計り知れないものがあります。

第二は、精神的な充実感を得られる特典です。

個業主として生きることは、自分が一国一城の主になるのですから、サラリーマンの何倍も働き甲斐があります。「ハイリスク、ハイリターン」とは、危険の多い仕事は、それだけ得られる所得も多いことを言いますが、この「ハイリターン」には金銭の所得だけではなく、精神的な満足・やり甲斐・生き甲斐、そして何よりも、自己実現をベースに自由に生きることがいかに素晴らしいか、その精神的な充実感も含まれているのです。
その証拠に、サラリーマンから個業主になり成功した人は、その多くが「二度とサラリーマンには戻りたくない」と言います。それだけ個業主として生きることに心身ともに魅力を感じているからです。この感覚こそ大きな精神的特典と言えるのです
精神的な自由度を大切にする欧米諸国のサラリーマンが起業家を目指す度合いが高いのに対して、日本の場合はそうした精神的な価値よりも経済的な安定・安心度のほうを高く

評価する風潮があります。

ランドセルの人工皮革を製造する株式会社クラレが行っているランドセルを購入した家庭へのアンケート調査「子供に将来就かせたい職業」の結果は、毎春、マスコミで話題になりますが、「公務員」が男の子の場合は1位、女の子は3位というのが、このところ毎年の相場です。ここに今の日本の大人たちの安定志向の傾向がよく出ています。

そこでこう考えればいいのです。安定したところに勤めるサラリーマンを目指すのはいっこうに構わないとして、定年後は年金を丸々もらいながら、その安心度を支える年金を防波堤にしつつ、小規模の個業主を目指そうと考えるようにしたいということです。

そのことによって、どれだけ老後が充実し楽しいものであるかは、これまでに繰り返し指摘してきました。脳神経解剖学の権威で京都大学総長を務めた平澤興氏（１９００年〜１９８９年）は数々の名言を残していますが、定年退職者には次の言葉が参考になるのではないでしょうか。

「60代に入ると、一応還暦を済まして、いよいよ20年の精進がいる。70歳で新しい人生を開き、80歳になって人生の頂点に達する。80歳で第三の人生が始まる。本当に人生を楽しむのは、80歳からである。90歳まで生きないと本当の人生は分からない。75、76歳から85、86歳が一番伸びるとき」

私は知人からこの言葉を紹介されてから「人生の勝負は後半にあり」の信念を改めて持ち直しました。

第三は、個業主となれば、所得税・個人事業税・消費税などの税金を払う義務が生じますが、所得を青色申告した場合、税金の面でも、かなりの特典があります。その主なものを取り上げてみましょう。

1つは、青色申告を選んだだけで10万円、複式簿記の記帳に基づいて貸借対照表と損益計算書を作成し、確定申告書に添付して期限内に提出した場合は、65万円を利益から控除できます。

この制度は、納税者の記帳を促進するための奨励金と受け止めることができます。これは複式簿記に無縁な人には面倒なような気がしますが、パソコンの普及のおかげで、素人でも簡単にできるソフトが開発されました。税務署もパソコン上でできる納税ソフト「e-Tax」を使った電子申告を奨励しています。詳しくは国税庁のホームページを開けば、その解説を詳細に知ることができます。

2つは、個業主と生計を共にする配偶者や親族が個業主と仕事を共にしている場合、その人に給与を支払うことができ、それを経費として計上することができます。つまり夫が個業主として独立し、それを妻が手伝うことになると、妻に給与を支払うことを国が認めてくれているのです。ここに夫婦協業のメリットがあります。

私が自宅を事務所にして独立したとき、家内は勤めていましたので、受け付けの業務は家内の母親が担ってくれました。当時65歳であった義母は、早く夫を亡くし女手一つで私の家内である娘を育てながら寝具店を営んでいた経験の持ち主だけに、受け付けの業務を見事にこなしてくれました。当然ながら私は義母に対して毎月給与を支払う立場にありましたが、独立直後は所得も少なかったため、最初のうちはわずかなお手当てしか出せませんでした。それでも懸命に私をサポートしてくれて助かりました。これこそ家族労働のメリットだと思います。

5年経って仕事が軌道に乗ったことから、家内も義母と共に私のそばで働いてくれることになり、きめ細かい仕事ができるようになりました。その頃には、家内にも義母にも、世間相場の給与を出せるようになり、家族で共に働ける環境をありがたく思いました。

3つは、事業を行うことで生じる諸費用を必要経費として利益から控除できます。例えば、事務所費・消耗品費・什器備品費・旅費交通費・交際費・接待費など。

4つは、事業で生じた損失（赤字）を翌年以後3年間にわたって繰り越し、各年度の所得から控除できることです。この制度は計画通りに利益が上がらないスタート時点では、とくにメリットがあります。

さらに前年も青色申告をしている場合は、損失の繰り越しに代えて、その損失額が生じた年の前年に繰り戻して、前年分の所得税の還付を受けることもできます。

事業を立ち上げたときは、当初は予想もしなかったことで経費がかかっていくものです。しかも最初の頃は固定客も少なく、売り上げも計画通りには伸びないことから、赤字の経営を覚悟しなければなりません。

そのときに心の支えになるのが、この損失の繰り越しと繰り戻しの制度です。しかも繰り越しの場合は3年間にわたって行えるので、これは赤字解消で頭の痛い個業主にとっては大きな救いです。

こうして独立して青色申告をすれば、経営上の金銭面で、数々のメリットを得られます。これはサラリーマンのときには考えられなかった特典です。

第五節　小に徹して実歴を積み上げれば人生の後半で勝負できる

ここで「凡人成功哲学」と「秀才成功哲学」の違いをはっきりしておきましょう。世間では「秀才成功哲学」の道を歩むには、どうしても大学卒業の学歴か、国家試験の合格が必要条件となります。

明治生まれの親を持つ私のような世代は、戦前の親たちから明治・大正・昭和前期の時代に培った成功観を聞かされながら育ちました。その一つが「高等文官試験合格が立身出世のパスポートだ」ということでした。

戦前の高等文官とは現在の国家公務員総合職（大卒・院卒程度）に相当するもので、いわゆるキャリアと称せられる高級官僚になれる特権を手にする人たちのことです。試験は予備試験と本試験とがあり、予備試験は旧制中学卒程度の人が受けるもので、旧制高等学校・旧制専門学校以上の学歴の人は、予備試験は免除され本試験に臨むことができました。

そこで旧制中学卒業生でも予備試験と本試験に合格し、高等文官となった人もいましたが、それは稀なことでした。試験の倍率は数十倍と最難関の国家試験でしたから、旧東京帝国大学卒業生が合格者の67％を占め、上位13校で全体の97％を占めていました。

参考までにその上位13校を紹介しておきましょう（1894年～1947年の53年間の高等文官行政科合格者数）。

1位東京帝大5、969名、2位京都帝大795名、3位中央大444名、4位日本大306名、5位東京商大（現・一橋大）211名、6位東北帝大188名、7位早稲田大182名、8位逓信官吏練習所173名、9位明治大144名、10位九州帝大137名、

11位京城帝大85名、12位東京文理科大（旧東京教育大、現筑波大）56名、12位鉄道省教習所56名。

このランキングの中に、旧制中学卒の人が入所する逓信官吏練習所と鉄道省教習所が含まれています。戦前から、経済的な理由から中学を卒業すると進学を断念しなければならなかった優秀な人材にも、高等文官への道が用意されていたのです。

しかし合格者のほとんどが、世間で言う東大を頂点とする一流大学の卒業生で占められていたという現象は、現在の国家公務員総合職（大卒・院卒）にも引き継がれています。総合職の合格者を見ると、東大と京大がトップグループを占め、その後に早稲田・慶應・中央などの有力私大と旧帝大系が続いています。つまり昔も今もエリート官僚の道は険しいということです。

このことからも分かるように、**今でも公務員の世界で出世していくには、学歴と難関な試験合格の条件が求められます。これは民間の大企業でも同様です。世間で言う一流大学を卒業し、厳しい入社試験に合格しなければ、エリート社員の道を歩むことが難しいのが現実です。**

一方、「凡人成功哲学」の道を歩む個業主の世界では、学歴よりも実歴が成功の条件になります。実歴とは、その職業でどれだけ実際の仕事を積み上げてきたかの実績のことです。現場でいい仕事をしてきた場数と言ってもいいでしょう。

凡人は、この現場での場数を数多く積み上げたときに、他者との勝負に出られるのです。ですから中学・高校を卒業後、現場で叩き上げてきた職人さんは腕がすこぶる良ければ、どこでも引っ張りだこになります。

２０１６年2月1日付の日経朝刊の教育欄に、「工業高校を見て驚き」のテーマで、学習塾の講師8人が都内の工業高校を訪問したときのことが次のように記されています。

「授業を見て驚いた。生徒たちは真剣そのもの。木工の授業では、現代の名工に選ばれた棟梁《とうりょう》が、10人程度の生徒を丁寧に指導する。外部講師のリストには有名建築家など専門家がずらりと並ぶ。

進路指導担当教員の説明は、さらに衝撃的だった。今年度、1、６００社以上から2、０００件を超える求人があった。１３９人の就職希望者はほぼ全員が内定し、うち55人は資本金１００億円以上の大企業だ。大学経由ではなかなか入れそうにない有名企業ばかりだ。多くが研究所など、これまでの専門を生かせる道に進めるという。

生徒も親も中学校も、そして私たち学習塾も、普通科高校信仰が強すぎるのではないか。反省させられた一日だった」

この一文の最後にあるように、多くの親たちは普通高校信仰と大学進学信仰が強いように思います。とくに周りに工業技術に関わりのある人がいない環境ではそうなりがちです。**ところがいつの世でも、しっかり技術を身につけておくことが、長い人生では有利であるとよく分かっている親たちもいるのです。**

私は日経マグロウヒル社時代に、国立の高等工業専門学校（一般には「国立高専」の略称で呼ばれている）の卒業生は『日経エレクトロニクス』の有力な見込み客と踏んで、購読を呼び掛けたところ、予想以上の好反応があったことで、国立高専を高く評価するようになった一人です。

国立高専は、わが国の大学・大学院と並ぶ高等教育機関で、しかも産業を支える実践的な技術者の養成を目的に、中学校卒業生を入学資格者とする5年生制の工業専門学校として、１９６２年（昭和37年）から１９７４（昭和49）年にかけて各県に1校の割で全国に51校が設立されました。

この国立高専を卒業した専門技術者群の存在が、その後のわが国の産業の発展にどれだけ寄与したか、その貢献度の大きさは、関係者の間ではよく知られていることです。

伝え聞いたところでは、１９９３年から２００１年にかけてアメリカ大統領に就任したビル・クリントン氏は、日本の全国に展開する国立高専が優秀な技術者を輩出していると

の情報に接し、そのシステムを羨望したとのことです。今日、日本が世界に冠たる技術大国の地位を築いている背景には、この国立高専の存在があったと言えるでしょう。

国立高専の卒業生は、大学・大学院の卒業生よりも地味ですが、その代わり、現場の技術では大卒の技術者よりも秀でていると言われています。そのことは毎年人気を呼ぶＮＨＫ主催のロボットコンテストで大活躍するのは国立高専の生徒たちです。それはプログラミングコンテストやデザインコンベンションの全国大会にも言えることです。

こうした卒業生は企業の現場で技術部門の中核を担い、定年後は自らの技術を生かしてそれぞれ専門家として活躍しているのです。

国立高専の存在意義の大きさを知っている私は、全国の専門学校から講演会に招かれたときは喜んで出かけていきます。そこで実感することは、国立高専に限らず、技術系の専門学校で学ぶ学生の生活態度が総じて真面目であり、自分の専門を磨くためには努力を惜しまないことです。

技術の習得には、繰り返し実践していくという場数を踏むことが求められます。その結果、表面だけを繕う見かけ倒しの態度はすぐに見破られます。したがってどうしても地道に努力を重ねることが周りからも求められます。そうした環境が、当事者の生活態度を次

第に地道にさせていくのだと思います。

このことから、学生が小に徹して、真面目に勉強し、学歴よりも実歴を重んじて実力を磨き続け、一生涯にわたって社会に役立つ人間になれる教育制度を設けるべきです。その方向で高校や大学の仕組みを改革していくことが、今、必要な時期にきていると思います。

第三章

小に徹する第一の条件

～利他性に徹し前向きに生きる習慣の実践を

第一節　小に徹する決め手は「利他性」の習慣の実践にあり

今、心ある人は、経済至上主義が生んだグローバリズムが、わが国を巻き込んで世界中を駆け巡っている現状を深く憂慮しています。そのことに最も早く気付いた英国の経済学者エルンスト・フリードリッヒ・シューマッハー（１９１１年〜１９７７年）は、１９７６年に書いた「一つの時代の終焉」という論文「End of Era」（邦訳『スモール イズ ビューティフル再論』の第１章第２節に収録・講談社学術文庫）で、次のように述べています。

「われわれは〈大きければ大きいほどよい〉という考えを意図して捨てさり、物事には適正な限度というものがあり、それを上下に超えると誤りに陥ることを理解しなくてはならない。小さいことのすばらしさは、人間のスケールのすばらしさと定義できよう。そのすばらしさとは、正しいスケールであれば、ＴＬＣ（tender loving care・思いやりがあり気遣う世話）の要素を導入できるということである。（中略）

ばかでかい現代の官僚制はなにごとも達成しない。官僚制はただ漫歩しているだけである。問題は小さくなるどころかますますおおきくなっている。もし規模を拡大すれば物事を解決できると考えるなら、それは間違いである。われわれのかかえる今の問題を解決できるのは、ＴＬＣというきわめてすばらしいもの、受け取り手だけでなく出し手にとっても満足のゆくＴＬＣが再び働けるように、組織をつくりあげるべきだと悟った時である。われわれが生き残ろうとするのなら、家庭がまだ存在するところではさらに多くの活動を家庭に持ち込むことが絶対に必要。いやまさに不可避である。そして、これらのことを家庭に取り戻すのを可能にする技術を起こす各種の運動が多くの国でみられるのは心強い」

家庭を拠り所にして個業を展開することの素晴らしさを、このシューマッハーの一文が見事に表現しています。私は家庭を事務所にし、家内と共に夫婦協業でやってきたことによって、シューマッハーの説くことが正しいことを、身をもって実感しています。

そして家族労働をベースに長い年月にわたり事業を続けている老舗の経営者もまた、同じように考えています。私は地方の経営者の集う会合でも講演することから、各県の地域社会で長年繁栄している中小企業の経営者と接する機会を得て、それを知ったのです。

成功している中小零細企業の経営者に共通しているのは、小さなことだからといって軽視しないように、当たり前の良き習慣の継続実践を日々心がけていることです。

では小さな良き習慣で最も大切なのは一体何なのでしょうか。それは「心」・「時間」・「こ

とば」を活用した「利他性」と「積極性」と「明朗性」を養う良き習慣です。

そこでこの3つの習慣について順に解説していきます。この節では、「利他性」について述べていきます。この「利他性」が最も重要であると最近つくづく思うからです。

「利他性」（相手を立てる・思いやる・感謝する生き方）の習慣を身につけるには、2つの面から考える必要があります。

1つは、感謝の念を養う行動と考え方の習慣です。

昔は、毎朝一番に神仏にお祈りし感謝の言葉を捧げる習慣が各家庭にありました。「本日、こうして元気に朝を迎えることができました。これも神様・仏様のおかげです。ありがとうございます」と口にし、天にまします神さま・仏さまに感謝の念を抱くことから一日が始まり、さらに朝食時には手を合わせ、食事をいただけることに感謝したものです。こうした形から入る習慣を昔はとても大切にしてきました。なぜなら良き習慣を身につけるには形から入ることが肝心だからです。理屈は後でいいのです。ですから子供たちに正しい行動の習慣を実行させることが教育の第一歩であると言われてきたのです。

戦後、アメリカ占領軍の道徳教育の廃止政策も影響して、家庭で子供が身につけるべき習慣を両親が教えなくなり、そのことによって感謝の念を抱く習慣が重視されなくなりました。その結果、「善悪よりも損得が大事」とする傾向が強くなり、「俺が俺がの我を抑え、

おかげおかげの下で生きよ」の教えの逆の現象が当たり前になってきています。それが家庭・学校・勤務先の不祥事を起こす最大の原因なのです。これは学問的に言えば、今日の不祥事はすべて倫理観・道徳観の欠如から起きているということになるのです。

倫理の語源はギリシャ語のethosで、道徳の語源はラテン語のmoresで、ともに元々は「習慣」という意味ですから、この2つの言葉は同義語なのです。

今日では倫理も道徳も「善悪をわきまえて正しい行為をなすために守り従わなければならない規範を習得させる」ことを目的としています。

この規範を身につけさせるのが家庭教育の根幹でなければならないのですが、その指導が今の家庭教育では欠落してきています。その結果、自己主張ばかりし、相手のために尽くことよりも自分の利益を優先する人間がわが国では量産されています。そのために、社会の不祥事が毎日のように起きているのです。

2つは、「お客様、何かございましたら、いつでもご連絡を。すぐに対応させていただきます」という、顧客が困っていること、望んでいることを、迅速に解決する良客第一の姿勢です。

この姿勢を貫くには、自分の欲望や権利や都合を抑えて、自己犠牲の精神で相手に臨むことです。「少欲知足」（欲を少なくし、足ることを知る）の生き方に徹することです。

釈迦が臨終の際に遺した教え『仏遺教経《ぶつゆいきょうぎょう》』に次のような一節があります（現代語訳で表記）。

「もし諸々の苦悩から脱却せんと思うならば、よく知足《ちそく》を観じよ。『知足』という教えは豊かで安楽、安穏なるものである。足ることを知る人は、地面で寝るような暮らしを送っても、なお安楽である。足ることを知らない者は、豪勢豪奢な家で暮らしていたとしても、まだ満足がいかない。足ることを知らない者は、裕福であっても（心が）貧しい。足ることを知る人は、貧しくとも（心が）豊かである。足ることを知らない者は、常に五欲（モノ・音・臭い・味・肌触り）の欲望に振り回され、足ることを知る者に憐れまれる」

利他性の習慣を保つには、この「少欲知足」の姿勢で人々に接することだと思います。**少欲であれば、利益を求める気持ちが少ないために、相手のために尽くすことが可能になります。その姿勢に徹していれば、顧客から好かれ、仕事はうまくいくものです。**

世の中には「年中無休・24時間サービス精神」で顧客の問題解決に臨む人や会社が存在しますが、そういう人や会社は、たとえ不況になっても、顧客の支持を得て事業は順調に継続できています。

今の日本では、こうした自己犠牲に徹する生き方は否定される傾向にあります。自己犠牲は個人の権利を踏みにじる行為であると考える人が多くなっているからなのです。

しかし顧客の立場からすると、顧客のために誠心誠意尽くす姿勢で仕事をしてくれる人や会社は、信頼のおける存在なので、そうしたところを贔屓《ひいき》にするわけです。

こうした贔屓筋の顧客を多く持つことが商売繁盛の決め手になります。「一引、二運、三力」の3大要素の中でも、他人様から引っ張ってもらう「引き」が商売すなわち人生で最も大切だからこそ一番に掲げられていることを、私たちは決して忘れてはなりません。

サラリーマンは労働基準法の範囲内で働けばいいことになっています。それに対して事業主の中には顧客のために働いて働いて働きまくる人が存在します。そうすると、心ある顧客はその事業主に対して、必ず経済的にも精神的にも支援を惜しまないのです。相手のために尽くす利他性の存在理由の重要性がここにあるのです。

第二節　積極性を養う第一の習慣は「念を抱き続ける」こと

小に徹するための習慣として「利他性」の習慣に続いて、次に「積極性」つまり前向きに生きる習慣を身につけることに触れていきましょう。

「積極性」を養う習慣は日々の行動が大きく寄与します。その行動を次の3つの側面から磨き続けることが大切です。それを1つずつ3節にわたって述べていきます。

その1つ目は、「念（おも）いを抱き続ける」ことです。

「おもう」は一般的に「思う」と書きますが、「想う」（＝おもい浮かべる）とも「念う」（＝いつも心にとめて忘れない）とも書く場合があります。

この「念い」が実は自分自身を前向きに動かしていくのです。こうしたい、こうなりたいと正直な願望を強く抱く「念い」が人の積極性を駆り立て、気持ちを燃え上がらせて情熱的にし、それが行動を促す原動力になるのです。ですから何事かを成就していく人に共通するのがこの「念い」の存在です。そのことは人をよく観察していると分かってきます。

「念い」はビジネス上では「目的」「理念」「社是」「ミッション」などと表現されます。老舗では「家訓」と言われていますが、そこには創業者の「念い」が込められています。

創業者が残した「念い」を毎朝、神仏の前や朝礼で、店主と従業員が共に誓い続けているところは、不思議に事業は順調にいっています。それは本気で「念い」を自分の行動の原動力にできたときに、人は自分が考える以上のことができていくからなのです。

そのことは、事業で成功した人ならば誰もが経験しています。私はこれまでに、そういう事業主をたくさん見てきましたし、また私自身も自分の「念い」を個業の推進力にしながら、37年間、独立を保ってきました。

これまで度々触れてきた通り、私には、社会人になったときから「サラリーマンで終わらないぞ、必ずいつの日か独立して、事業主として働き続けるぞ」との「念い」が常にありました。ただ何をもって私の事業としていくか、それがまだ明確になっていませんでした。

ところが「念い」を抱き続けていると、その何かをつかめるようになるものです。それは日経時代にサラリーマン勉強会のメンバーとして会合に臨んでいたときのことです。そのときにアメリカでは人をやる気にさせるモチベーショナルスピーカーと称する講演家がいて、他の講演家よりも評価が高く収入もいいということを聞き、私の念いに火がつきました。

私は中学・高校時代は生徒会長に選ばれ、人前で話す役割を担ったこともあって、話すことは人よりも数多く経験し、それなりに自信もついていました。大学時代は付属高校の教育実習で私の授業は人気がありましたし、日経時代も販売店主の会合・店員大会・労組の大会・販売会社のセールスマン研修・外部での出版セミナーなどで話す機会が多かったのですが、どれも評判が良かったものです。

あるとき、職場の先輩が私の話を聴いて「田中君の話を聴いていると、やる気になってくるなぁ。君はそうした方面の仕事をしたら成功すると思うよ」と言ってくれました。日頃から尊敬していた先輩でしたし、普段からお世辞を言う人ではないと分かっていましたから、その言葉を素直に受け止めました。そして、人をやる気にさせる講演の仕事をプロとしてやっていくことが私の社会的使命ではないかと、アメリカの情報に啓発されたことも相まって、やる気開発の講演のプロとして生きていくことを考えるようになりました。

そこで講演力を本格的に養うために、まずアメリカの話し方講座で知られるデール・カーネギー教室（夜間）の英語コースに参加しました。英語コースだとアメリカ本国と同じ教科書を使うこと、講師がアメリカで訓練を受けた人たちであることを知ったからです。

当時の私は日経マグロウヒル社でアメリカの文書に接していた関係で、英語に少しは慣れていましたから、英語力をブラッシュアップすることも兼ねて英語コースを選びました。

この選択は正しかったようです。英語コースには商社の社員や日本駐在の外国人も参加しており、英語による話力を磨くにはとてもいい環境だったからです。

参加者が初めてスピーチをし、その後に全員でベストスピーカーを投票したときのことです。何と第1位に選ばれたのは私でした。英語を自由に操れる外国人や商社の社員ではなく、私が選ばれたのにはびっくりしました。このことは私の大きな自信になりました。

そして14週間のコースが終了して、次のコースの助手を務める人を皆で投票して決めました。それも私がトップでした。おかげで次の週から約1年間、私は講師の助手として、毎回、モデルスピーチをさせてもらうことができました。

モデルスピーチを英語で行う経験を1年間毎週できたことは、スピーカーとしての勇気養成となり、これがまた私の自信につながりました。まさしく「勇気は自信に先行する」の体験を積むことができたのです。


そして今度は日本語による話力養成を図ることにし、勉強するにはどこがいいかを探っているときに、あるセミナーで話力総合研究所の永崎一則氏の話を聴き、この人に学ぼうと決心。セミナー終了後、氏に会って氏が主催する週末開催の話力講座に通うことにしました。そして1年間通い続け、最後には同研究所の講師の資格も取得したのです。

以来、永崎氏の知遇を得て、都内各地の公民館で行われていた話力講座の夜間コースの講師を、会社の仕事を終えた後、1年ほどやりました。この頃には将来日経を辞めて、講演業で身を立てる目標を立てていましたので、講座の講師を真剣に務めました。その甲斐あって、どの講座でも私の指導は評判を呼び、リピートの注文が続きました。この経験をベースに、会社の業務に差し障りのない週末や夜間に、出版関係の外部セミナーの講師も引き受けるようになり、次々と経験を重ねていくことができました。

そういう状況下で、永崎氏から研究所の専属講師の誘いを受けたり、他社からの研修講師としての依頼が次々と来るようになり、独立してもやっていける自信と見通しがつくようになりました。そこで日経を満20年で退社することを決意したのです。

日経から出向して10年間勤務した日経マグロウヒル社は、出版社として大きく成功し、すでに出版社売り上げランキングで上位5社の中に入るまでになっていました。その成長の立役者の一人であった私は、将来は同社の役員として活躍するチャンスに恵まれるであろうことは客観的な状況からもよく分かっていました。しかし私としてはそうした立身出世の道よりも、個業主として独立することが本来の望みであることから、私を支えてくれた職場の仲間たちと別れるのは辛かったのですが、それ以上に独立への願望が勝っていました。

独立して約1年間は話力研究所に籍を置かせてもらい、同研究所の講座や公民館での話力講座の講師を担当しながら、他の業界セミナーの講師も受け持ちました。この独立後の1年間は、日経時代よりも年収は半減したことから、経済的には厳しくなりましたが、将来は必ず良くなるという見通しを持っていましたので、精神的には希望に満ちていました。

そして2年目からは完全に独り立ちして、自分の設定した価格で講演を受けることにしました。それは米国マグロウヒル社に学んだ顧客を選ぶ姿勢を自分にも課すことにしたからです。この姿勢とは、**こちらが誠心誠意で仕事をする以上は、それを正しく評価してくれる良い顧客を選ぶ必要があり、そのためには提供する商品の価格を適正価格に設定したうえで、相手の期待以上のサービスに徹するという原理原則でした。**

そのとき、サービスとは相手の望んでいること、困っていることを迅速に解決することと理解していましたので、講演を行う場合は、相手の期待する以上のものであることを心掛け、どの講師よりも真剣に情熱を持って行いました。毎回、汗びっしょりになって熱演する私の講演は、おかげでどこでも高い評価を受け、リピートにつながっていきました。

第三節　積極性を養う第二の習慣は人間の弱さを正す「毎朝の神仏への祈誓」の実践

積極性を養う第二の習慣とは、「神仏への祈誓」です。

私たち人間は油断をするとすぐ楽なほうに走る快楽志向に陥る性向があります。それがよく分かるのは、駅などの階段を上る場合、そばにエスカレーターがあれば、多くの人は列をなしてそれに乗ろうとします。

この状況からも、人間の弱さがはっきりと見て取れます。一方、楽をしないで、あえて自分の足で一歩一歩階段を上ることを選択する人は、楽をすることは自分のためにならないと知っているか、楽なほうに流れる自分を戒める強い気持ちを持っているか、です。

私は日経時代に富山県と新潟県で合計4年間勤務できたことを神様に感謝しています。なぜなら両県とも辛抱強い県民性で知られていますが、その県民性を現地で目の当たりにし、私も辛抱強く生きる体験ができ、少しは忍耐力を身につけることができたからです。

冬になると雪との闘いで日々の生活を送る日本海沿岸の地域の人たちは、雪のない太平洋沿岸に住む人たちに比べて忍耐力に富み、我慢強いのが特徴です。その証拠に、我慢が強いられる職業に従事している人は、圧倒的にそうした地域の出身者で占められています。「越中富山の薬売り」で知られている置き薬の売薬業者は富山県だけでなく、全国に存在します。全国配置薬協会の組織は44都道府県にあります。しかしその中で富山県の業績がナンバーワンです。その要因の1つは、富山県は昭和30年代までの長い歴史の中で毎年豪雪に見舞われ、その環境で忍耐力旺盛な県民性が養われたからです。

私は歴史上最大の豪雪と言われている昭和38年と39年に降ったいわゆる三八豪雪と三九豪雪を経験しましたから、深い雪の中で生活することがどんなに難儀であるかがよく分かります。**その自然の猛威から逃げず、厳しい環境の中で、誰に文句を言うこともなく黙々と働き続ける富山県民の生き様から、私は多くのことを学びました。**

その経験から、富山の薬売りの次の「七楽の教え」が私の生き方の基本となったのです。

「楽すれば　楽が邪魔して楽ならず　楽せぬ楽がはるか楽楽」

富山県に対して関心の乏しい人は、この県民の忍耐力が豊かさにつながっている事実を知りません。そこで法政大学大学院政策研究チームが毎年公表する「47都道府県幸福度ランキング」で、富山県を調べてみることをお勧めします。富山県は総合ランキングで毎年上位3位以内に入る幸福度の高い県なのです。

そのことを具体的な事例で見てみましょう。総務省統計局「社会・人口統計体系」（2008年）によれば、富山県は「一世帯当たりの実収入」は全国第1位、「持ち家の畳数では全国第1位、「持ち家比率」では第2位、「国公立大学進学率」では第1位、「図書館・博物館の割合」では第3位、「生活保護を受けない率」では第1位、「離婚率の低さ」では第1位、「介護療養施設病床数」では第2位、「再生可能エネルギー自給率」では第2位、「殺人犯罪の低い率」では第3位、「火災件数の少ない率」では第1位などなど、どの項目を見ても、全国トップクラスの優秀な実績です。

富山県は、家庭生活の経済面でも、教育面でも、犯罪防止面でも、恵まれた県であることは、こうした指標が示しています。

その安心・安全な生活環境を生んだのは、富山県人の辛さに耐え勤勉に働く姿勢にある

ことは言うまでもありません。それを支えたのは富山県人の神仏への祈りを欠かさない良き生活習慣の実行であったと思われます。

9年前に著した拙著『いきいき人生戦略』(モラロジー研究所)の112頁、「勤勉な生活を続けるコツは、毎朝の神仏に対する祈誓にあり」の項を読んだ読者から多くのお便りが届きました。私の書いた次の文を読んでハッと気付いた人が多かったからでしょう。「勤勉な生活を続けることが大切だとわかっていても、それができない人が世の中には大勢います。そうした人も勤勉さを持続できる良い方法があります。それは毎朝、神仏に手を合わせ、感謝の言葉を述べた後、心を込めて誓いを立てる祈誓を行うことです。

神さまに対しては、『私は、今日も、前向きに、明るく、精一杯、努力することを誓います。○○と○○は今日中に必ず実行いたします。どうぞ、ご覧になっていてください』と。仏さまには、『お父さん・お母さんからいただきました素晴らしい潜在能力を、今日も十二分に発揮することを誓います。どうぞ、ご覧になっていてください』と誓うのです。

この誓いを行う際に心がけたいのは、まず心の中で両親の笑顔を思い描くことです。両親の笑顔が描けなければ、描けるまで努力するのです。なぜなら、ご先祖さまの代表である両親の笑顔を思い描けなければ、心の中が明るい状態になれないからです。

心の状態を明るくしてこそ、自分で誓うことが潜在意識に伝わっていくのです。心が明るくなれば、綿々と続いてきた先祖と自分が結びつき、縦のつながりができて、それが大きな力になるのです。ところが、心に両親の笑顔が描けないと、いくら誓っても、その誓いが実際の行動には結びつかないのです。

このことはとても重要なことですが、知らない人が多いようです。私が、ある講習会で、このことを話したところ、聴講者のセールスレディの女性から便りがあり、そこにはこう書いてありました。

『私は、亡くなった両親のことを憎んでいましたので、その笑顔を描くなど考えたこともありませんでした。したがって、最初は、笑顔を思い浮かべることなどとてもできませんでした。しかし、毎朝努力をしているうちに少しずつできるようになり、今では両親の笑顔が自然に心に描けるようになりました。それと同時に、自分が両親から受けた恩に素直に感謝する気持ちが持てるようになり、それまでの憎しみが消えていきました。

不思議なことに、笑顔を思い描けるようになってから、仕事が順調にはかどるようになり、これまでにない好業績を上げられるようになりました』

日本では戦後、祖先を敬い、親に感謝する教育を、家庭でも学校でもしなくなりました。そのこともあって、今の日本人は、先祖代々から伝わる素晴らしい潜在的な力が、自分の中に存在することへの認識が乏しくなっています。

私たちの親は二人ですが、祖父母は父方・母方を併せると四人です。曾祖父母は八人になります。このように先祖をさかのぼって計算して行くと、三〇代前までの祖先の総数は、なんと一〇億七三八〇万人になります。

これだけ厖大な先祖の血を引いているのが今の私たちなのです。したがって私たちの体の中には、大きな可能性が潜んでいるのです。この自分の潜在能力を、生きている間に少しでも引き出し、世のために役立たせるのが、私たちの生涯における使命なのです。

この使命を果たすためにも、毎朝の祈誓を欠かすことはできません。『成功は祈願になく祈誓にあり』と言います。祈願は神仏に対するお願いをする他者依存の祈りです。一方、祈誓とは、自分に誓う自力本願の祈りです。

神仏に自己目標を達成することの祈誓を続けていると、常に自分を向上させる努力につながり、終身現役の人生を力強く歩んでいくことができるようになります」

この文に示されたことを、私は講演の中でも紹介し、毎朝の祈誓を実行しようと訴え続けてきました。私の講演を聴いた人からも、その後に次々と毎朝の祈誓をしたことによって生活が好転したとの報告が届きました。それは今も続いています。私の場合も、**この毎**

朝の習慣を続けているうちに、私の描いた目標は一つ一つ達成されていき、その結果、健康面・精神面・家庭生活面・仕事面などで掲げた目標はほぼ実現できています。

第四節　積極性を養う第三の習慣は熱意を抱くための「毎朝の早起き」の実践

積極性を養う3つ目の習慣として「早起き」があります。

私たち凡人は、油断をするとすぐ怠けたくなるものです。何事も常に前向きに取り組むという積極性に欠ける傾向があります。その原因は、普段の生活習慣に締まりがないからです。日々の習慣をきちんとしていれば、自ずから生活態度も規律正しくなります。

その良い見本が陸上自衛隊の宿舎に寝起きする若き隊員たちです。起床ラッパに促され、朝6時に起床、それから夜11時に消灯ラッパがなって就寝するまでの17時間、ラッパの合図で点呼・食事→課業開始→課業終了・食事→課業開始→課業終了・食事→点呼→就寝という一連のスケジュールで規則正しい生活を送るうちに、自然に隊員たちの積極性が養われていきます。そのことは、災害時の自衛隊員の行動から感じることができます。

私たちも怠惰な性格を正すためには、まず早起きの習慣を身につけることです。行動が性格を規正していくのですから。

アメリカで最も成功した人物として挙げられるのは、現在の米ドル紙幣の肖像に描かれているベンジャミン・フランクリン（1705年～1790年）です。彼は10歳で学校教育を終えると、印刷工として独立し、自学自習で自分を磨き上げました。その様子は、世界中で最も読まれている自伝『フランクリン自伝』（岩波文庫）に描かれています。

彼はアメリカ独立宣言に署名した5名の一人としても知られているように、実業家・著述家であるとともに政治家・外交家としても大きな業績を残しています。ですから、彼が残した自伝は私たちの必読書の一冊と言うべきでしょう。

彼は勤勉家としても知られており、その働きぶりによって人々から高く評価されたのです。彼自身も早朝から夜遅くまで働いた様子を自伝に書き残しています。そのことについて、彼はこう述べています。「私がかように自分の勤勉ふりを事こまかに、また無遠慮に述べているのは、自慢話をしているように聞こえもしようが、そうではなくて、私の子孫でこれを読む者に、この物語全体を通して、勤勉の徳がどのように私に幸いしたかを見て、この徳の効用を悟ってもらいたいからである」

私がいつも紹介するのはフランクリンが早起きについて述べた言葉です。そのことに関して拙著『田中真澄の88話』（ぱるす出版）で次のように解説しています。

「『Early to bed and to rise makes a man healthy,wealthy,and wise.』（早寝早起きは、人

を健康にし、富ませ、賢くする）

この言葉は、早起きの三つのメリットを表現しています。

第1の『健康』について〜人間は昼行性の動物です。昼行性の動物は、本来、早寝早起きの習慣を身に付けていますから、早寝早起きの習慣を守れば、人間も健康を維持できるのです。

第2の『富む』ことについて〜早起きは時間の余裕を生むことから能率が上がり、人に支持され、諸々のチャンスに恵まれます。それが経済的な成功につながるのです。

第3の『賢さ』について〜早起きの生活は整理整頓の習慣を導きだし、それが気付きの力を養います。気付き力が増せば心くばりができ、創造性に富み、賢い人間になっていけるのです」

確かに早起きを習慣としている人は、そうでない人に比べて前向きで熱意があり、仕事も良くできます。その代表的な人物が早起きで有名な日本電産社長の永守重信氏です。氏は１９７３（昭和48）年にわずか３人の部下と共に創業しました。それが今日では日本電産グループで９万８５８７人の従業員を抱え、売上高は連結で１兆７８２億円を超える大企業に発展しています。

その経営を支えてきたのは、氏が提唱している3大精神「①情熱・熱意・執念、②知的ハードワーキング、③すぐやる・必ずやる・できるまでやる」でした。

氏は京都本社に毎朝7時前に出勤し、夜10時を回ってから帰宅するのが日常になっています。土曜日・日曜日は経営会議や社員研修会や海外出張の移動日にあてて、元日の午前中を除いて、氏は365日、睡眠と食事と入浴時間以外は、休みなく働いていますが、それでも時間が足りないとのこと。

2013年2月4日付けの『日経ビジネス』は、氏の海外出張の様子を報じていますが、それによれば、起きるのは朝4時。京都本社とのメールや電話のやりとりをして、7時すぎに朝食。食後ただちに車で移動開始。移動時間も1日300本のメール処理、200枚の稟議書の決裁に充て、車外の景色を楽しむ暇もないようです。

これほど朝から晩まで働き続け、日本経済に大きな貢献を果たしている永守氏に対し、世間もマスコミも働きすぎであると批判しても、氏の勤勉さを讃える報道が見られません。

そんな風潮を氏は日経電子版の経営者ブログ欄で、「一所懸命働き、思うように生きよ！」と題するテーマで次のように論じています。

「母親の教えもあって、私がもの心ついた頃から強く信じていることは、一所懸命に働くことだ。生きていれば楽しいこともたくさんあるが、仕事をして社会に貢献し、悔いのな

い人生を送ることが何より大切だと思っている。（中略）

しかし創業以来、日本の経済や政治はどんどん弱体化している。私は日本をなんとかもう一度強い国にしたいと強く思っている。今やすっかり怠け癖がついてしまった日本人だが、もう一度情熱あふれる日出づる国に戻したい。

今のままで十分幸せだ。苦労して出世しなくていい。成長しない日本で頑張ってもむなしい――。このように考える若者が増えているという。夢をかなえるため、一所懸命に働くことの素晴らしさを、日本ではなぜ実感できなくなってしまったのだろうか。

成功した人に対する嫉妬心が強すぎる社会だからではないか。日本ほど、事業で成功した人を敬わない国も珍しい。頑張っても報われない。夢のない国になってしまった。多くの税金を払っても、補助金をもらっても、悪平等でみんな同じ扱いだ。

世間の常識からはみ出した人間を批判したり、バッシングする社会は、活力が失われる。私は子どもの頃から異端児だったが、親や大学の先生など周囲がそれを許してくれた。『変人』と言われても、信念に基づいて生きてきた。

起業した時も、最初はまったく日本で相手にされなかったので、アメリカに渡って仕事を取ってきた。アメリカでは変人であろうがなんだろうが、仕事をする人間を認める。日本は仕事ができるかどうかより、系列や縁故が重視される社会だ。しかしそういう身内で固める経営は、いずれ活力を失い、失速する。
もちろん信念を曲げず、自分の思うように生きることは、それだけ逆風や周囲の反発も強い。それに負けないだけの強い精神力が必要だ」

永守氏は全身全霊で仕事に打ち込んでいるからこそ、信念を曲げず強い精神力を持ち続けていけるのだと思います。そのことは、朝早くから脇目も振らず熱心に働いている人に共通するものです。

私が講演の中で、たびたび紹介するのが永守氏の信念「人の2倍働けば必ず成功する」という言葉です。この言葉に私が共鳴するのは、私自身がそういう気持ちで来たからです。私も独立人生を全うしていくには、そのような強い信念が必要だったのです。

その信念を維持していくには、早起きに徹し仕事一筋に生きることだと思います。それだけ早起きの習慣は、人に熱意を抱かせ、前向きに生きる力を与えてくれるのです。

第五節　積極性を養うには「家族と共に生き、人生の後半で勝負！」の生き方も必要

家族を大切にし、地域社会のために貢献しながら、事業で成功している経営者が全国各

地にいます。その一人が、岐阜県恵那市で東海神栄電子工業の社長として、また日本を美しくする会の会長としても活躍している田中義人氏です。

氏は先般、つぎのような便りを私に届けてくれました。

「京都で何人かの友人に『京都の老舗は、何代も続いているところがあるが、その共通点は何か』と聞きました。話し合っていく中で、共通して出てきたことは、①家族がよくまとまっていて、仲がいいこと。②家父長制が生きていて、跡継ぎに財産を相続させていること。③生活ぶりは質素倹約だが、地域への奉仕は金銭も含めて積極的であること。④会社を無理して大きくしないこと。

これらのことでまとまりました。このことは、私の両親も大切にしてきたことであり、納得しました」

こうして実際に家庭と地域を大切にして事業を営んでいる事業主の人たちは、「小さいことはいいことだ」を実感しています。

シューマッハーが説く小さいことの素晴らしさは、人間のスケールの素晴らしさを定義していると述べていますが、それは人間が家族と共に生きることの素晴らしさと言い換えてもいいと思います。

先述の通り私は日経で10年間、新聞販売店の店主家族と接する仕事をしました。新聞店は夫婦と家族の協業で行われ、それに店が雇用している店員も加わってなされる事業です。日常の業務は、毎朝4時前後に到着する新聞を大体7時前後までに間違いなく全読者に配る義務と責任がありますから、一日たりとも気を抜くことができない仕事です。最近は日曜夕刊と新聞休刊日の配達はありませんが、私が日経に入社した頃はそうした休みの制度もなく、まさしく年中無休の仕事でした。

当時、私のような本社の社員は、日曜日は休日でしたから、原則として日曜日は出勤することはなかったのですが、販売店では日曜日に店員会を開催する場合が多く、その場合は私も店主からの要請があれば出かけていったものです。

休みのない日々を送っている店主夫婦・家族は、それが当たり前となっていることから別に不満にも思わずに日々、新聞配達業務に終始していました。夫婦仲は良く、家族同士が助け合い励まし合い、親子関係もうまくいっていました。

私の知る限り、新聞店の子供たちはみんな親孝行で、不良に走る子は一人もいませんでした。これは勤勉に生きる環境が人をより良く育てることを示している事例です。

「事業主と同居の親族には労基法は適用されない」という労基法の規定は、家庭をベースにする事業主にとっては特典であると言いましたが、それは仕事上の特典だけでなく、家庭の絆を強める面でも大きな特典なのです。

独立して間もなく、大手新聞社販売部が主催した都内の新聞販売店主の大会に招かれたときのことです。私の講演を聴いた店主の一人が、講演終了後、私に近づいてきて、こう話してくれました。

「私はかつて商社マンでした。単身赴任で海外に赴任しているとき、妻が2人の小学生の息子を残して病気で亡くなりました。私は途方に暮れましたが、商社を辞めて子供を私の手で育てるしかないと決意し、それにふさわしい仕事は新聞店を経営することと判断。店主となって息子たちと一緒に過ごしてきました。

必死で働く私の姿を見ていた息子たちは、父親思いの孝行息子になって、今では私の片腕になって支店を任せられるまでに育っています。

今日の講演の中で、家族と共に過ごす自営業主の人生は素晴らしいと言われたことは本当にそうです。妻の死去により商社を辞めて独立できたことを、今は亡き妻や子供たちに感謝しています。あなたの話を聴きながら、そのことを強く感じました」

その店主とは立ち話で終わりましたので、それっきりになりましたが、商社のエリートサラリーマンであった人の話だけに、このケースはとても深く記憶に残っています。

シューマッハーは「家庭に多くのことを持ち込むことが絶対に必要」と述べたことは、家族中で自営業主の仕事を手助けすることをも意味しているとも考えられます。

サラリーマンは、勤め先の仕事は家庭に持ち込まないことが常識になっています。したがって妻も子供たちも、夫であり父親である本人の仕事に関わり合うことはありません。それでいいのだと本人も家族も考え、疑問を抱くことはないようです。ところが、それは家族の絆を強めるどころか、夫婦・親子の関係を希薄にすることにつながりかねません。

私の場合も、日経に勤務していたときは、私が仕事人間であったこともあって、家庭のことは家内と家内の母親に任せきりでしたから、私の仕事について家族は知らずにいました。ただ私が忙しくしていることから、子供たちは、父親は家族のためにも頑張ってくれているのだろうと考える程度だったと思います。

そうなれば当然のこととして、私と子供たちの会話は深まることはなく、それだけ私と家族の絆は弱くなっていたのです。そのことを痛感したのは、私が独立して家族の協力を得なければ、仕事ができない立場に立ったときでした。

私は家族に仕事の実態を説明し、私が必死に立ち向かう姿を包み隠さず見せることによって、家族は少しずつ私を理解してくれるようになりました。

そして私が社員研修のグループワークのための資料作りで忙しくしていると、家族みんなで手伝ってくれるようになりました。時には深夜に及ぶ作業もありましたが、子供たちも、私が「そこまででいい」と言うまで黙々と協力してくれるようになりました。

そうした家族全員が協力するという環境が自然にできたことで、わが家の人間関係の密度はサラリーマンの時代には考えられなかったほど濃いものに変わっていきました。

そのことを通して、家庭という社会の最小単位の場で家族と共に生きることが、人間が生活を送るうえで最も良い条件であると、はっきりと自覚できたのです。

私の場合で言えば、独立して37年間、常に家族のコミュニケーションは保たれていましたので、娘と息子の2人の子供が大学卒業後、娘はオランダの音楽院に7年間、息子はドイツの大学院に2年半とそれぞれ留学していたときも、何の不安もありませんでした。親と子がお互いに日頃から話し合いを重ねていたことによって信頼関係が深まっていましたので、以心伝心でお互いの気持ちが分かり合えていたからです。

それに個業の場合、家計が厳しくなっても、必死で頑張れば何とかなるものです。そのの特典が私を助けてくれました。もし私がサラリーマンのままでしたら、２人の子供に対して思う存分の教育投資をすることはできなかったでしょう。

とくに娘は音楽の世界を、しかもヨーロッパで活動する道を選びましたので、一人前になるまでの期間と費用は想像以上に厳しいものでした。それに何とか耐えられたのは、私が定年の心配をすることなく個業主として稼ぐことができたからだと思っています。

私の友人の親戚に音楽家の娘がいました。その彼女のために勤め人である両親が経済的に苦労していることを友人は知っていたからでしょう、「君は大丈夫なのか」と私に会うたびに心配してくれました。私が「何とかなっているよ」と答えると、「事業主はそこがサラリーマンと違うところだなぁ」と言ってくれました。実際にその通りだったのです。

第四章

小に徹する第二の条件
～明るく生きる心構えを磨く習慣の確立

第一節　太陽のように熱（情熱）と光（明るさ）を持ち続ける習慣を

人間学を学ぶ月刊誌として知られる『致知』２０１５年4月号に掲載された私の寄稿文の次の一節が、読者の琴線に触れたようで、その後、多くの読者がブログなどで取り上げてくださいました。

「（敗戦後）日本が独立するまでの6年半、父はパージによって公職に就くことができず、過酷な行商で家族の生活を支えたのです。（中略）父は朝早くから夜遅くまで人の二倍、三倍、汗水流して黙々と働きました。私はそういう父の後姿をとおして『人間は命懸けで仕事に打ち込めば生きられるのだ』と教えられたのです。

父は軍人だっただけに商売には全く不慣れでしたが、ある人からこう教わったそうです。

『商売というのは簡単なんだよ。太陽のように生きればいいんだ。太陽は二つのものを人に与えてくれる。一つは熱。熱意を以て人に接すれば、その熱は自然と相手に伝わる。もう一つは光。光を与えて相手を照らし、関心を持ってその人の存在を認めてあげることが大事なんだ』

父は生前、『俺は商いのことは何にも知らないが、この二つだけは心の支えにしてきた』と私に話していました。私が個業家〔個人事業主〕として自分の存在価値で勝負しようと思ったのも、そんな父の影響です。これまで有料の講演会だけでも6、500回以上も行ってきましたが、私が伝えたいメッセージを凝縮すれば、父から教えられた『熱と光を相手に与えよ』に尽きるように思います」

実際、私の講演の要旨は、繰り返しますが、小に徹する3要素、すなわち、「利他性」（相手を立てる）、「積極性」（熱誠あふれる情熱）、「明朗性」（相手に光を与える如く、笑顔で接し、明るい考え方を示す肯定語で対話する）の3本柱で生きることを主張しています。

これらはすべて父が戦後の混乱した世の中を必死に生きながら会得した知恵から学んだもので、まさしく小に徹して前向きに明るく生きる道とも言うべきものなのです。

それは誰もができること、すなわち太陽がわれわれに熱と光を与えてくれているように、相手を厚遇し、「積極性」と「明朗性」を与えることを生きる基本にすべきだというものです。

この太陽のように生きることを考え方のベースに据えて、人間観察をしていると、いろいろなことに気付きます。例えば、商店の丁稚から身を起こした松下幸之助氏は、人を見抜くときは、その人が困難な問題に対処する際に前向きな資質を持っているか、そして明るく取り組む姿勢の持ち主であるかをポイントにしていると語っておられたそうですが、そこに「熱」と「光」の二面性が示されていると気付かされます。

どんな困難に出合っても、前向きに明るく生き抜いた人が、私たちの周りにも数多く存在しています。私はそういう人を見つけると、生きる希望と勇気が湧いてきます。つまりは、その人から熱と光を与えられたからだと思うのです。その実例を一つ紹介しましょう。

２００８年98歳で亡くなられた森岡まさ子女史は、ユースホステル関係者ならびに中国地方の人ならば、誰もが知っている広島県が生んだ名士でした。この森岡女史は、それこそ前向きに、明るく生きた典型的な方でした。

女史は１９１０（明治43）年、現在の広島県府中市上下町（江戸時代は石見銀山から瀬戸内海へ通じる銀山街道の宿場町として栄えた幕府直轄の天領）で生まれ、女学校で英語を学び、戦前、大阪の大丸百貨店に勤務。新聞記者の森岡敏之氏と結婚。その後、京都帝大のイタリア語科の教師で文化人類学者フォスコ・マライーニ氏の秘書を務めました。

１９４５年（昭和20年）広島市中心部で炸裂した原爆で夫が被爆。戦後、原爆症で苦しむ夫を抱え、学校経営などを経て、１９５９（昭和34）年、上下町に広島県初の民営ユースホステル「ＭＧユース・ホテル」を夫と共に創業し、夫の死後もユースホステルのペアレントとして経営に従事し、亡くなるまで現役として活躍しました。

山間の町の日本一小さなユースホステルの経営は困難を極めましたが、女史の燃えるような情熱と笑顔の絶えない明るさで、宿泊者をもてなすホスピタリティがホステラーを魅了し、女史のファンは広く海外にまで広がり、これまでに若者を中心に氏のユースホステルで交流した人々は30万人を超えたのです。

女史の運転手をボランティアでされていた上下町在住の中曾茂さんが、拙著のファンであられたことがご縁となり、私は森岡女史の存在を知ったのです。女史はユースホステル経営の傍ら全国的に講演活動を行い、数多くの著作や講演録を残しておられますが、中曾さんはその講演録をたびたび私に届けてくださいました。

その講演録を読みながら、この森岡女史こそ「小に徹して勝つ」の人生を見事に具現化した方ではなかろうかと思いました。女史は利他の精神を基に、どんなことにも前向きに、しかも笑顔を絶やさないという明るい生き方を貫いた方でした。ですから、女史の著書・講演録を読むことで、その生き方の極意を私たちも学ぶことができます。

私の手元に、『今が青春～出会いを大切に　今を生きる～』と題する１９９０年に長崎市で行われた女史の80歳のときの講演録があります。この冊子は評判が良かったのでしょう、発刊後、16年間で7回も版を重ね、今も多くの方に読まれています。

女史が常に利他性と積極性と明朗性を欠かさないで生き抜いた、そのエキスをこの講演録の中で読み取ることができます。この講演録で、女史は3つのことを実行しようと訴えています。それをご紹介しておきましょう。

1つは、「笑顔と『おはよう、元気?』の朝の声かけをすること」です。

温かい言葉ほど、人の心を動かすものはないのです。お年寄りに、この温かい言葉をかけてあげてほしい。年寄りは皆さんの家の宝物です。この宝物を粗末にしないことです。この宝物こそ、皆さんをここまでにしてくれたありがたい恩人ということを忘れないで、温かい言葉をかけ、親切にしてあげてほしい。

2つは、「コソ丸(がん)という薬を飲むこと」です。

嫁とのいさかいも、たまにはあります。そういうときには、洗面所に行き、コソ丸という薬を飲むのです。こんな貧乏な家でも来てくれた嫁がおればこそ、子供のない私にこういう素晴らしい若者がおってくれればこそ、のコソ丸(がん)です。飲んで、水が〝ぽっと〟と入ったときに、心のチャンネルを変えないと、ああ言っても、わしは悪いことはないぞ、と思ったら、もう効かないのです。

この「コソ丸」を1瓶1０8円（税込み）で販売している病院があります。生前の女史と親交のあった病院長の土井章弘氏が経営する岡山旭東病院です。その薬には説明書が添えられており、以下のように書かれています。

「まずは『コソ丸』を2～3粒コップ一杯の水と一緒に飲み、『〇〇がおればこそ』と心から念じ唱えて、すぐに心のチャンネルを変えることが大切です。効果が薄いときは一日何回も服用してもよい」

3つは、107歳で亡くなるまで現役を貫いた彫刻家・平櫛田中先生から教わった「意欲が湧く方法を身につけること」です。

平櫛先生は長く彫刻の仕事をしてきた秘訣は「意欲」だ、それを湧かせるには、「よし、今やるぞ！と言って、ここ（筆者注：胸のこと）を、ポーンと叩く」と言われたそうです。その方法で、何事も「よし、やるぞ！」と意欲を湧かせてやることです。

第二節　心を明るく保つための笑顔作りの習慣を実践する

「小に徹して勝つ」とは、規模や資本力に頼るのでなく、一人の人間が年月をかけてこつこつと磨いてきた人間力で勝負するということでもあります。つまり学歴・財力がなくと

も、自分が最も自信のある一つの専門力を武器に仕事をし、併せて、誰もが潜在的に持っている人間力を磨き続けることで勝負すればいいのです。

その人間力の中で、意外に無視されているのが、顧客が相手に求める魅力、感じ良さ、つまり好感度です。人間力と言えば、どうしても学校教育で磨いてきた知識や技術を連想しますが、事業・商売という分野では、まず買い手に好感度を与えることが重要なのです。その証拠に、感じ良く接客している店に客が自然に集まるではありませんか。

私は仕事柄、年中、駅や空港を利用しますが、最近はどこも構内が整備されて、きれいな商店が立ち並んでいますが、と言ってどの店も流行っているわけではありません。よく観察してみると、いつも人で賑わっているところがあります。そうした繁盛店に共通しているのが、明るい雰囲気を醸し出している明朗性あふれるスタッフの存在です。

お店の人が素敵な笑顔で客に接しながら、明るく振る舞っている店は例外なく他の店よりも流行っているものです。この現実は昔も今も変わりません。「商は笑なり勝なり」（商売は笑顔があれば勝てる）は永遠の鉄則なのです。

であれば、意識的に笑顔が人の前に出たら保てるような習慣を早く身につけましょう。

私がどの講演でも推奨する「笑顔のミラートレーニング」（鏡に向かって笑顔の訓練）

がそれです。このミラートレーニングに気付いたのは、1961（昭和36）年、日経に入社して3年目の夏、フランク・ベトガーが著した旧版『私はどうして販売外交に成功したか』（ダイヤモンド社）の「お客からこころよく迎えられるには……」の項を読んだときです。そこにはこう書かれていました。

「私は販売の仕事にたずさわるようになってから、間もなく、私のようにこう無愛想な顔をしていると、顧客から嫌われ、できるはずの商談も成立せず、成績は毎月下る一方で、これではどうにも仕方がないと気がついた。（中略）

そこで私は一つの方法（毎朝、シャワーを浴びながら、愉快に笑う訓練）を試みた。その結果は大変よく、私の家庭生活の上にも、私の仕事の上にも、いろいろな面で効果が表れた。（中略）

これは最近まで分からなかったことだが、この経験は、偉大な哲学者である、ハーバード大学のウィリアム・ジェームズ教授の理論を実証するものである。ジェームズ教授は、『行動は感情に従って現れるもののように一般には考えられるが、しかし実際には、行動と感情とは相伴うものである。それよりも、もっと直接的に、意志の支配下にある行動を調整することによって、その統制下におかれていない感情を間接的に調整することができる』と述べている」

私は、このベトガーの笑顔訓練の習慣に大きな影響を受けました。私は軍人であった父の下で「人の前で歯を見せるな」と教えられて育ったこともあり、無愛想な表情の持ち主でした。また、九州男児はそれでいいと勝手に思い込んでいました。

しかし、社会人になって3年も経過しますと、ベトガーの指摘は正しいことが理解できるようになっていました。そこでシャワーを浴びる代わりに、毎朝、鏡の前で笑顔を写し、「真澄ちゃん、おはよう！」と自分に呼びかけながら、明るい表情を取り続ける習慣を実践することにしました。その結果、次第に人と対面したときに笑顔で接することができるようになっていったのです。そのことを示す一枚の葉書があります。

それは私が20年勤務した日経を退社するときに、上司・先輩・同僚・後輩の皆さんに挨拶状を届けたところ、先輩からのその返事の中の一通に、次のような一節がありました。

「いつもにこにこと接していただき、前向きのご意見など交わした長い年月の思い出は尽きません」

私は自分では意識はしていなかったのですが、この文面の通り、人には笑顔で接する習慣がいつの間にか身についていたのだと思います。

元々は無愛想であった私が、このように変身できたのですから、毎朝の笑顔のミラートレーニングを人に伝える資格があると考え、講演の中では欠かさず勧めることにしている

のです。

私は笑顔に関する本を見つけると、できるだけ購入しています。その1冊に『笑いと治癒力』（岩波書店・同時代ライブラリー）があります。この本はアメリカ有数の書評誌・評論誌『サタデー・レビュー』の名編集長として約30年間活躍し、その後もカルフォルニア大学医学部大脳研究所教授として医療ジャーナリズムを講義したノーマン・カズンズ氏（1915年～1990年）の著作で、1981年に講談社から『死の淵からの生還』という書名で、次いで1984年に講談社文庫に『500分の一の奇蹟』の書名で、さらに1996年に岩波書店の同時代ライブラリーで『笑いと治癒力』の書名で刊行されました。

この書名からも察せられるように、この本は、突然、難病（膠原病）に襲われ、回復の可能性は500分の1と宣告されたカズン氏が、人間の生命力・精神力の強さを信じていたことから、主治医の理解の下に、現代医学の常識からすれば考えられない笑いの積極的療法を試み、見事に死の淵から生還した体験を著したものです。氏はこう述べています。

「笑い（および積極的な情緒一般）がわたしの身体の化学作用に好影響をおよぼしていると信ずるのは、どの程度科学的であろうか。もし笑いが実際に身体の化学作用に健全な影響をおよぼすとすれば、少なくとも理論上は、組織の炎症に対する抵抗力がそれによって高まるはずだ。そこで愉快な小ばなしを聞く直前と、それから数時間後とに血沈の測定を行ってみた。するといつも少なくとも五ポイント低くなっていた。その数字の差自体はそう大きくはないが、しかしそれは持続的であり、累積的であった。わたしは、笑いは身体の薬という昔からの説に病理学的な根拠があるということ知って、嬉しくてたまらなかった」(『笑と治癒力』)。

カズン氏の指摘のように、笑いは、積極的な情緒である人間の生命力・精神力を高め、難病を治癒する力があるのです。すなわち笑いは、人間が潜在的に持っている自然治癒力を促進させるのです。

このことから分かるように、**私たちは意識的に笑顔あふれる生活を送るように心がけることで、対人関係を良好に保つと同時に、健康を増進・維持できるのです。**

笑顔で日々を送れば、対人関係がスムーズにいき、心身共に健康になるのですから、家庭面でも仕事面でも社会面でも幸せな人生を過ごすことができます。

そうと分かれば、できるだけ笑いを意識的に作る行動を起こすことです。私の場合は、1日に1回は面白いことを考え自分一人でも笑うようにしています。家族と一緒のときは、できるだけ皆から笑いのある出来事を聞き出すように心がけています。

幸いに家内が笑い上戸で、ちょっとしたことでもすぐ笑ってくれるので、おかげでわが家は笑いの絶えない場になっています。

80歳の私の同期生ですでに亡くなった人が約3～4割はいます。その人たちの多くは、どちらかと言えば物事を悲観的に受け止めるタイプだったような気がします。そのことからも、どんな場合も笑顔で明るく考える習慣を意識的に保っていくべきだと思うのです。

第三節　肯定語を多用する習慣を身につけ心を常に明るく保つ条件づくりを

笑顔の習慣を身につけることで気持ちを明るくさせるには、振り（動作・表情・姿勢）という外側の行動を良くしながら内面の感情を良好に保つことが必要です。その一方で、今度は内面の感情を良くし、相手に向かって発する言葉を肯定語にすることで、自分を明るくする方法もあります。この項では、そのことについて述べていきましょう。

先述の通り、私は日経時代にデール・カーネギー教室で学び、さらに教室の助手を務めた経験から、カーネギーのことについてはかなり研究し、カーネギーに関する著作も2冊著しています。

もちろん、カーネギーの3大書（『人を動かす』『道は開ける』『話し方入門』いずれも創元社）は私の長年の愛読書です。『人を動かす』を読んだのは半世紀前の1962（昭和37）年です。以来、この本は私の座右の書になりましたが、この中の次の個所は私の生き方を大きく変えてくれました。

「リンカーンの書簡の冒頭に『人間はだれしもお世辞を好む』と書いたのがある。優れた心理学者ウィリアム・ジェームズは、『人間の持つ性情のうちで最も強いものは、他人に認められることを渇望する気持ちである』という。ここで、ジェームズが希望するとか要望するとか、待望するとかいうなまぬるいことばを使わず、あえて渇望するといっていることに注意されたい。

これこそ人間の心を絶えずゆさぶっている焼けつくような渇きである。他人のこのような心の渇きを正しく満たしてやれる人は極めてまれだが、それができる人にして初めて他人の心を自己の手中におさめることができるのである」

私はこれまでに、この個所を何十回も読み返してきました。そして「人間は賞賛を渇望する動物である」の言葉を心に刻みながら、できるだけ相手に対し心から賞賛の言葉を用いながら、良好な対人関係を保っていこうと心掛けてきたつもりです。

その場合に、私は相手の人を親しい友人・知人・親戚のような方だと考え、親しみを持って笑顔で接し、「話し3分に聞き7分」の言葉通り、相手の話を聞くことに時間を多く配分し、話す場合は、できるだけ短く、しかも肯定語を多用するように心がけてきました。

そのためにも、相手の美点に注目し、それを賞賛の言葉につなげて相手に伝えるように意識的に努力してきました。

最近知ったことですが、シカゴ大学のエックハルト・ヘス博士らの研究で、私たちが人と会話する際には、無意識に相手の瞳孔の大きさを見ながら、「自分が相手に好かれているかどうか」の判断をしている、ということが明らかになったそうです。この研究を知って、私が相手に好感を抱き、目を見開きながら対話したことは正しい方法だったと思いました。

日経時代はもちろん、独立して37年間、話し相手を親しい人と考えながら接してきたおかげで、私は多くの支持者を得て、仕事の面でどれだけ助かったことでしょう。

私が日経を辞めたときにお世話になった多くの方々に挨拶状を届けたことは、先にも述べましたが、そのときに、皆様からたくさんの激励の返事をもらいました。この返事のつづりは、今も机の引き出しに大切に保管しています。

誰でもそうなのでしょうが、私の場合も、日経という大きな組織を離れて独立したとき、固い信念と強い覚悟を抱いていたものの、身分的・経済的な保障をなくし所属価値と決別したことによる、将来に対する不安は大きなものがありました。

そんなときに、私がいつも読み返したのは、皆様からいただいた激励の便りのファイルでした。なかには儀礼的・形式的な便りも少しはありましたが、そのほとんどは、私と親しく接してくれた人たちからの温かい言葉の数々でした。その一端を以下にご紹介します。

○「量的拡大の時代から心の時代へ、教育はまさにこれからの時代の中核です。頑張ってください。また外から日経へのご支援もよろしくお願いいたします。（上司から）

○「おおくの勉強と脳中深く蓄えられた問題意識とご研鑽を積まれて専門家として独立されることは、成し得べくして万人に成し得ない羨ましい事柄です。どうかそこを大切にされて、邁進されますようお祈りします」（先輩から）

○「社内で辞令を見たとき、田中さんのことだから、多分新しい分野に雄飛されるに違いないと直感しましたが、お葉書を拝見し、さすがと思いました。高齢社会における生き甲斐がますます重要視される折、田中さんが新しく手掛けられることは必ず成功を収められると確信しています」（後輩から）

○「知識と実行力と勇気の三拍子揃っておいでですから、いつかきっと独立なさるとは思っておりましたが、もう少し先のようにも考えておりました。今までのご努力と大

きな知恵袋を生かされ、一層のご発展をお祈りしております」（後輩から）

○「日頃の田中様のお話から、いつかはこんなことも……と漠然と思ったりしていましたので、やはり……と頼もしく存じております。いろいろと教えてくださった田中様のお話をおうかがいできる機会もなくなり、寂しく思いますが、益々のご発展を陰ながら、お祈り申し上げます」（取引先から）

○「お便りを頂戴し、あぁやっぱりと思いました。私の浪人も丸五年経ってやっと板についてきました。再び組織に入るなどとは夢にも思ったことはありません。性に合っているというのでしょうか。面白いですね。貴兄もすぐ慣れますよ」（先輩の評論家より）

○「かねてから小さな殻に収まる人ではないとは思っていましたが、思い切りの良さに打たれました」（高校の先輩から）

ここにご紹介したものは、ごく少数の便りの一部分に過ぎませんが、そこに示されている私へのメッセージは、読むたびに心を熱くしてくれました。そしてその都度、「よし、やるぞ！」という気持ちが湧いてきて、不安を乗り越える勇気を持つことができました。

この経験から、私のところに届く独立・転職・転勤・定年退職・中途退職などの挨拶状に対しては、できるだけ心のこもった激励・祝福・慰労の言葉で返事を差し上げることにしています。とくに独立される方には、私の独立時の経験をつづって、少しでも参考にしてもらえればと思いながら書くことにしています。

その気持ちは必ず相手に伝わるもののようで、差し上げた相手の方から「貴殿のお便りを今も大切にしています」とか「机の前の壁に掲示しています」といった礼状が届きます。

こうして肯定語をできるだけ使うように心掛けていると、私自身の心も明るくなっていく体験を重ねるようになりました。つまり、相手に発する肯定語の効果が、ブーメランのように自分に帰ってきて、言った本人にプラスの影響を与えることになるのです。

そう言えば、明るい感じの人は、その人の口から出る言葉も明るい肯定語が多いことに気付かされます。

そこで、他人様とのお付き合いでは、できるかぎり肯定語の多い人を選ぶようにしてきました。その結果、善の循環が起き、私の周りには、善男善女のネットワークが形成されていきました。そうしたネットワークに恵まれますと、今の世の中は善悪よりも損得を優先する傾向がありますが、善悪を優先する私の価値観を認めてくれる人々との交流ができ、心穏やかな日々を送ることができるようになりました。

これからの長い老後を考えますと、こんなありがたいことはありません。

第四節　自己のオンリーワンの存在価値を築くには良き習慣の確立から

サラリーマンならば、一度や二度は、自分の得意な分野で独立して、思う存分、自由に仕事をしてみたいと思うものです。しかしその場合、「最も必要なのは何か」と問われれば、「自分の専門は○○」と答える人は多くいても、「自分を引き立ててくれる人の数」を答えられる人は少ないのが普通です。つまりそれは、事業（商売）は良い顧客の数で決まるという事業の根幹についての理解が乏しいことを証明していると言えます。

でも、それは致し方のないことです。家庭でも学校でも、日本ではそんなことを教えてはいないからです。現行の学校教育では、独立人生の歩み方については全く関知していないことはこれまで述べてきた通りです。

江戸時代までは、武士階級以外の階層の人々は独立自営の人生を歩むことが運命づけられていましたから、そのために家庭でも寺子屋でも、商売に役立つ心構えや知識や技能を身につけることに親も先生も必死でした。そうしないと世の中に出て困るのは子供たち自身だからです。

江戸末期、平民の子供の多くが学んだ寺子屋での教育は、当たり前のことをきちんと実践するという実務的なものが主体でした。そうした教育を受けた多くの子供たちは、世の中に出ると顧客に可愛がられ、次第に役立つ人材として活躍することができました。

その点では江戸時代の人材教育の生産性は高く、実に素晴らしい内容だったのです。

その名残りが明治時代から戦前までの家庭教育や一部の学校教育に伝承され、今の子供たちに比べると、戦前の子供たちは小学校を卒業した後、しばらく見習いとして現場で鍛えられると、短期間で実践力を身につけ、社会に役立つ人物に成長していったのです。

ところが戦後の占領軍による学校教育の改革で、義務教育が長くなり、それに加えて進学教育が年を追うことに盛んになってきたことから、いつの間にか実務教育が下火になり、知識偏重教育が横行し、学校を出ても仕事はできないにもかかわらず、格好ばかり気にし、プライドと自己主張だけは一人前といった、役立たず人間が増え続け、その弊害が今や大きな社会問題になっています。

こうした浮ついた人間を再教育しなければ、今の日本は劣化していくばかりです。その最適な処方箋があります。それは昔から家庭で厳しくしつけてきた良き生活習慣を身につけ直す教育を社会全体で再建することです。つまり「凡事徹底」の生活を始めることです。

そのように良き生活習慣を実践すると、結果として国民の生き方も好転するからです。

その第一は、本人の心の姿勢、すなわち心構えが正しく保てるようになり、何事に対し

ても前向きで、そして明るく立ち向かえる人間に変身していけることです。

第二は、良き生活習慣を身につけていけば、周りの人々との人間関係が良好になっていきます。世間の人々は、相手の人を見抜く場合、その人の学歴や肩書よりも、その人が日常の生活でどんな習慣を実践しながら生きているかで判断しています。

その証拠に、長い年月にわたって商売繁盛を続けている商店・会社は、日々、良き生活習慣を必死で守っています。そのことに例外はありません。その実例は、日本を美しくする会の会員企業に数多く存在しています。

イエローハットの創業者で、現在、日本を美しくする会の相談役・鍵山秀三郎氏は、創業以来、約50年間、早朝から1人でトイレ掃除・社屋の周辺の掃除・車の清掃などと、掃除道を自ら実践し続けきました。その結果、10年後には社員も自発的に早朝出勤し、しかも氏を手伝って社内外の清掃を行うようになっていきました。その掃除運動が社員の間で広まるのと歩調を合わせるように、社員の行動も穏やかになり、周りの人に対する思いやりも出てきて、顧客に喜ばれる会社に生まれ変わり、社業も発展していきました。

この現象は、次第に人々の知るところとなり、鍵山氏のところに掃除道の実践を学びに全国から馳せ参じる現象が生じたのです。

鍵山氏の掃除道に最も理解を示したのが、岐阜県恵那市の東海神栄電子工業社長の田中義人氏でした。氏が中心となって「日本を美しくする会　掃除に学ぶ会」が、２００７年７月にＮＰＯ（特定非営利活動法人）としてスタートし、以来、会の活動は年々盛んになっており、今日ではアジアや欧米の主要都市にまでその活動の波は広まっています。

田中義人氏は自ら、鍵山氏の掃除道を地域と社内で実践していく過程で、社員から徐々に心の荒みがなくなり、人間関係も仕事の成果も見事に好転していくことを確認しました。そのことから鍵山氏の提唱する掃除道は本物であると実感し、この掃除道を広く普及していくことになったのです。

私は、掃除道に出合う前とその後の田中氏を共によく知っています。元々、人間的な魅力に満ちた方でしたが、掃除道に出合ってからの氏は、より穏やかで謙虚になられ、しかもますます気配り上手な、包容力の豊かな方に変身されています。

この事実からも、掃除をはじめとする当たり前の良き生活習慣を日々実践することが、いかに人間性（人間力）を高めていくものであるかを私自身が痛感しているのです。

そのことに関して、やはり鍵山氏から掃除道を学ばれた上甲晃氏（松下政経塾元塾頭、現在は志ネットワーク社を設立、全国的に青年塾を主宰）は、『志を継ぐ』（致知出版社）の中の鍵山氏との対談で、こう述べています。

「真理は平凡の中にあり。本当に大事なことはそんな難しいところにはないのです。ですから、難しいことをする前に、まず当たり前をしっかりやること。まさに鍵山さんが説き続けてこられた『凡事徹底』ということです。

さらにもう一つは、変わらざるものに目を向けろということです。変化に目を奪われるから精神的におかしくなってくる。そうではなく、変わらざるものに目を向けろ。変わらざるものは何かと言えば、それは人間の本質です。人間の本質は全く変わらない。その本質をしっかり見るという目があれば、だんだん自分の足が地についてくるんです。

特別なこと、難しいことはしないで、最先端も追わない。しかし人間として当たり前のことは徹底してやるようにする。私はそういう教育をやっていこうと思っています」

上甲氏のこの発言は傾聴に値するものです。今の世の中では、当たり前のことを繰り返し行うという凡事徹底の習慣が軽視されています。コツコツと辛抱強くやり続けることを避け、できるだけ楽をしながら生きる道を選びたがる傾向があります。すなわち勤勉志向から快楽志向に流されているのです。

しかし、どんなに時代は変わっても、上甲氏の発言の通り、人間の本質は変わりません。だからこそ、良き生活習慣を守ることは、昔も今も最重要事であると認識すべきです。

かつての日本人は、勤勉力・忍耐力に富む国民として世界に知られていました。その力を保つためにも、日本で長く大切にされてきた良き習慣を、私たちは守る使命があります。

アメリカの第30代大統領カルヴィン・クーリッジは、関東大震災の際に多額の寄付をした好日家として知られていますが、「当たり前の哲学」の大切さを説いた人物としても、その人物像が最近は再評価されつつあります。彼は次のような言葉を遺しています。

「この世に、粘り強さに勝るものはない。

才能？　才能があっても成功できなかった例は枚挙に暇がない。

天才？　報われない天才という言葉は、すでに決まり文句になっている。

教養？　世の中は教養ある浮浪者であふれている。

粘り強さと断固たる信念だけが、無限の力を持つ」

この言葉は、今の日本人にぴったりの箴言ではないでしょうか。

第五節　ロングランの人生設計の重要性に目覚め、明るい将来を心に描くこと

「人生五計」という言葉があります。生計・身計・家計・老計・死計の五つの人生設計のことで、これは南宋時代に活躍した官吏・朱新仲《しゅしんちゅう》が唱えたとされています。

この五計の中で、これまで日本のサラリーマンが軽視してきたのが老計ではないでしょうか。なぜならサラリーマンの多くが定年まで働いたら、その後は年金・退職金・預金などをベースに悠々自適の余生を楽しめばいいという考えしか持たず、それ以外の老計を本気で考えてこなかったからです。

そのために勤めている間の余暇を使って、定年後、自分なりに何かのプロ（＝専門力を生かして自助独立ができる人）として生きていく能力を磨いておく老計を持つ人は、今でもせいぜい全体の2割程度ではないかと思います。

こうした従来からの人生観に日本人が今よりもっと浸りきっていた30年ほど前の１９７９年から１９８９年までの10年間、私は日経マグロウヒル社に出向したおかげで、すでにアメリカには存在し、日本にはまだなかった貴重な情報に接することができました。

その頃のアメリカには１００歳人がすでに1万人以上も存在し、日本よりも先に高齢者問題に取り組み始めていました（１９７５年当時の日本の１００歳人口は５４８人）。

１９６１年、アメリカではホワイトハウスで高齢社会会議が開かれ、国内の高齢者問題がクローズアップされました。その結果、１９６５年には議会で「高齢者医療保険制度」と「高齢者に関する法律」が制定されました。

同時にジェロントロジー（老年学・加齢学）教育に対する財源やエイジング研究の拠点としてジェロントロジーセンターの設立・運営に対する財源も確保されました。

こうしてアメリカ国内では1965年以降、全国的にジェロントロジーに対する関心が高まっていきました。その具体的な現れとして、全米500の大学でジェロントロジーが講義され、ジェロントロジーを専攻する学部が31もできました。

このジェロントロジーの情報にいち早く接した私は、これから日本も年々高齢者が増えていくことは間違いないと悟り、次の3点を忘れてはならないと自覚するようになっていきました。
①今後は日本を含め世界的に100歳人をはじめとする高齢者が増えることに対し問題意識を持っていかないと、将来への明るい展望が持てなくなること。
②ジェロントロジーでは「高齢者を、英知を備えた貴重な社会的資源（社会的に役立つ人材）とみなし、高齢者も社会貢献をしながら、生き甲斐のある人生を送るべきであり、そういう日々を歩むことが高齢者の成功（サクセスフルエイジング）であると定義していることを、自分の生き方につなげること。
③そうした高齢者の成功を具現化していくための道を早く明確にし、その道を歩む努力を重ねていかないと、人生100年への明るい未来像が描けなくなること。

この3点を自覚するようになってから、**私は100歳までのロングランの人生設計の立て方とその具体的な実践法を以下の3つの側面から学ぶことにしました。**

1つは、「一身にして二生を生きる」という考え方です。つまり所属価値に生きるサラリーマンの生活をした後、今度は自分の存在価値を磨き、自助独立の人生をどう実現していくかです。実際にサラリーマンから転身して事業主（個業主を含む）となり、成功の人生を歩んでいる人々の生き様から学びました。

2つは、日本が世界に誇る老舗の商法を学ぶことでした。老舗とは100年以上永続している商店・企業を言いますが、その老舗の数が一番多い国は日本なのです。その永続性を支えているのは老舗の商法です。つまりは「商人道」です。

この老舗の商法は、日本の伝統的な道徳が前提となっており、その道徳と商法をつなぐことに貢献した石田梅岩をはじめとする商人道の先覚者から学ぶことにしました。

3つは、戦後の日本人に大きな影響を与えたアメリカのプラグマティズム（実用主義・実際主義と訳される）による成功哲学を学ぶことでした。

その代表的なものが、1964（昭和39）年にアメリカから日本に進出した「SMI」の成功プログラムです。SMIとはSuccess Motivation Instituteの頭文字で表示される成功プログラムを制作し普及する企業名ですが、同時にプログラム名でもあります。

このＳＭＩの成功プログラムは、ポール・Ｊ・マイヤー氏（１９２８年～２００９年）によって開発されました。氏は生保のセールスマンから身を起こし、著作家・講演家・成功プログラム刊行事業経営者として世界的に名を馳せた成功者です。

氏は、個人向け・ビジネス向け・家族向けの３分野における合計23種類の成功プログラムを開発し、全世界に普及活動を展開しました。

なかでも日本はアメリカ以外では最も普及した国です。１９７０（昭和45）年から１９９０年の20年間、わが国にＳＭＩブームが起き、日本青年会議所をはじめ全国の若手経営者が競ってＳＭＩを採用したことは、広く知られていることです。

私は１９７３（昭和48）年にこのプログラムを採用し自己啓発に役立てました。そのおかげで、独立直後から全国の主な都市で行われたＳＭＩの会合に、ＳＭＩプログラムを実践している講師として招かれる機会を得、それが今もなお続いています。１９８３（昭和58）年３月、テキサス州フォートワースで行われたＳＭＩ世界大会に招かれた私は、当時55歳のマイヤー氏と２時間の会談の機会を得ました。そして、その時のマイヤー氏の話や資料をベースにして、拙著『成功への勇気』（ぱるす出版）を著しましたが、このＳＭＩを広く紹介する一助になりました。

そうしたＳＭＩとの関連から、私はＳＭＩを活用してサラリーマンから事業主に転身して成功した多くの事業主の方々と親しく接することができました。

以上の３つの生き方を学ぶうちに、成功する事業主は明るい未来を想定し、それに向かって強烈な情熱を抱いていることを知りました。ＳＭＩの創設者マイヤー氏の言葉で最も知られているのは、「鮮やかに想像し、熱烈に望み、心から信じ、魂をこめた熱意を持って行動すれば、何事も必ず実現する」ですが、まさしくその通りだと思いました。

このような**情熱的で明るく生きるには、生きる目標を明確にするために人生設計を書くことがいかに大切であるかを成功者ほど知っています。私がマイヤー氏に会ったとき、氏は「目標を紙に書くことが成功への第一歩」だと言ったことがそのことを示しています。**

企業の定年前準備講座に招かれることの多い私は、参加者に定年後の人生設計表を書いてもらっても、全く書くけない人がかなりいることに驚かされます。その事実に幾度も直面しています。これが日本の実情です。

日本の多くのサラリーマンは危機意識に乏しく、遊びには夢中になりますが、自分の将来に対する計画を持ち、希望のある明るい未来を築く具体的な準備をしていません。

日本の起業率が世界で最も少ないという事態を生じさせているのは、サラリーマンのこ

のような生き方に問題があると思うのです。

それが老計を持たない現実につながっています。長くなった老後をどう前向きに、明るく生きるかは、まず具体的にやりたいことを紙に書き出すことから始まるはずです。

自己目標を明確にしなければ、人生後半の成功を築く活動を始めることはできません。

第五章

小に徹する第三の条件

～時間の有効活用を図る習慣を身につける

第一節　「凡人成功哲学」は一点集中の時間の使い方から始まる

私たち凡人（弱者）が秀才（強者）と競いながら生きていくための要領は、あの一寸法師が赤鬼に立ち向かった戦法にあります。すなわち針の一刺しである「一点集中」と、鬼の腹の中でちくちくと刺し続けた「コツコツ続ける」の2点です。そこでこの節では、「一点集中」について、次の節では「コツコツ継続」について考えていきます。

現在の日本人は昭和時代までに活躍した人たちに比べて、ある意味では不幸な人生を送っていると言えるかもしれません。それは今の世の中がIT社会になった結果、日々、おびただしい情報に巻き込まれ、ああでもないこうでもないと考えているうちに、いったい自分はどう生きればいいのかという迷いや不安を抱える人が多くなっているからです。

そういう人たちに紹介したい一文があります。フランスの小説家・伝記作者・評論家として知られたアンドレ・モーロワ（1885年〜1967年）が著書『人生をよりよく生きる技術』（講談社学術文庫）の中で書いている次の一節です。

「ゲーテのことを、どこか非人間的な感じがすると非難した人も多い。だがこの非人間的なもののおかげで、彼はわれわれに『ファウスト』や『ウィルヘルム・マイスター』を残すことができたのだ。

実際、他人に時間をうばわれるがままになっている人間は、自分の作品をつくり上げることなく死んでしまう。自分の仕事に激しい情熱をいだいている人は、他人に対して、その仕事に有益なものだけを持ってくるように要求する。世の役に立つ用事で、そして自分にできることなら、ことわりはしない。だが、いたずらに言葉をもてあそぶような会話の席や集会、おしゃべりの集団は、これを避ける。

ゲーテは自分がそこで何もなす余地のないような時事問題には関心を持つなとさえいっている。大臣でも将軍でも新聞記者でもなんでもないくせに、毎朝、遠い外国の戦争情報を集めるのに一時間、その戦争のもたらすであろう結果について嘆くのに一時間を費やすとしたら、そういった時間は祖国のために何の役にも立たないばかりか、いちばん取り返しのつかない財産をいたずらに浪費することになる。一回かぎりのわれわれの短い人生を」

このモーロアが紹介しているゲーテの言葉にはハッとさせられるものがあります。私たちは日常生活で、自分の仕事に関係のない事件や人物に関する情報に貴重な時間を費やしていることが多いからです。この時間をもっと大事なことに一点集中して振り向けるように努力していけば、かなりのことができると思います。

この一点集中の時間の使い方を身につけているのはプロの人たちです。自分の専門で生きている人は、その専門に懸けていかなければ生きていけないという宿命を負っているからです。

私も独立してからは仕事一筋の生き方を意識的にとってきました。したがって、私が出る必要のない会合はできるだけ避けるようにしてきました。同窓会などの集いでも一次会には出席しても、二次会は遠慮することにし「田中は二次会には出ないやつだ」「あいつは付き合いの悪い男だ」と仲間たちから思われてもいいと、そこはきっぱりと割り切ってきました。

全国各地の講演会に招かれる職業に就いた私には、必ずと言っていいほど講演会後の関係者との付き合いの会合が待っています。その際も時間を限定して、最初の30分とか長くても1時間以内に切り上げるようにしてきました。その結果、もしかしたら「田中は冷たい人だ」との印象を持たれているかもしれませんが、それは仕方がないと腹を決めました。同業の講師の中には講演会の後の付き合いで酒を飲みすぎることを重ねて、病に倒れた人、それが原因で亡くなった人がいます。そうした酒に飲まれた人は、自分の本来の使命が何であるかを忘れてしまったのだと思います。

プロとして生きる以上は、どこまでも健康を維持し、自分の存在価値を世のため人のた

めに役立てることを第一とし、自分を厳しく律する自律の生き方をしなければなりません。そうした使命を全うできないようでは、本物のプロとは言えないと思います。

その点、サラリーマンは定年までは生活が保障され、給与も毎月一定額を手にできることから、どうしても生きる姿勢が甘くなります。仕事一筋に生きる必要はないと考え、土日は仕事を離れて家族サービスや趣味に時間を費やすのが当たり前の生活習慣となっています。それはサラリーマン時代には許されるとしても、**定年後あるいは途中で何かの専門家であるプロとして独立するとなれば、仕事と私生活をきっちりと区別して私生活の時間を確保することにこだわるやり方は許されなくなります。**

このことは実に重要なことですから、それをどんな場合にも明確に意識しておく必要がありますし、家族にも理解してもらわないと、プロとしての立場がゆらぐことになります。

今後、定年後の人生が長くなれば、後半の人生を無為に過ごしたくないとして、独立自営の個業に懸ける人が増えてくるに違いありません。そのことは大いに奨励すべきことですが、その際に、サラリーマン根性を引きずったまま個業主になれば、事業は決して長続きしないことを骨の髄まで自覚しておく必要があります。その理由は次の通りです。

どんな個業も、それを支えるマーケットがなければ成り立ちません。マーケットとは顧

客の群れのことです。その顧客は「寝ても覚めても商売、商売」と仕事一筋に打ち込む事業主（個業主も含む）が好きです。年中無休の精神で事業を続けている店や会社を顧客は心情的に支援しますが、一方でサラリーマン的発想の事業主を支援することはありません。

講演の中でよく紹介する私の体験談があります。それは37年前に日経を退社して独立しようと心の中で決めたとき、その決意を私が親しくしていた某老舗のご主人に打ち明け、独立の際の心すべきことは何かを尋ねたときのことです。

ご主人は「日経を辞めるのはもったいない。あなたはもう管理職だし、将来が約束されている人だから、このまま日経で頑張ったほうがいい、独立は予想以上に厳しいですよ。今のうちに思いとどまるべきです」と、私の独立を引き留めようとしました。

そのとき、私は「どうしも独立したいのです」と主張したところ、ご主人は厳しい顔で「田中さん、そんなに独立したいのですか。ではこれから私がする質問に対して、正直に答えてください」と言って、次の2つのことを聞かれました。

「1つ、事業主というのは、他人が遊んでいる暇も稼ぐ人間を言うのです。あなたは人が遊んでいるときでも働けますか？」と。私は「はい」と即座に答えました。

「2つ、事業主の趣味は自分の仕事です。あなたは仕事一筋に打ち込めますか」と。私は趣味としてゴルフをしていましたが、これにも思い切って「はい」と明確に答えました。

その私の答える態度を注視していたご主人は、にっこり笑って「田中さん、そこまでご決心なさったことでしたら、思い切って独立なさい」と言いながら私に握手を求めました。

このご主人は、私が一点集中の気持ちを抱いて独立しようとしているのかを確かめたかったのだと思います。このご主人は独立後の私の活動を温かく見守ってくれました。時には耳の痛い適切な助言をしてくれました。そして79歳で亡くなりました。

私が亡くなられたときのご主人の年齢を超えたこともあり、今ではご主人に代わって、独立する人に、この2つの質問をすることにしています。きっぱりとイエスの返答ができる人は順調に独立の道を歩み続けています。一点集中は独立成功の決め手であると思います。

第二節　「継続は力なり」の言葉通り、コツコツと努力を積み重ねるための工夫を

最近はキャリアアップを目指していろいろな職業を転職して歩く人が増えており、またそれを良しとする考え方が流行っています。しかしそのことによって、1カ所で辛抱強く己を磨くというチャンスを逃していること、あるいは、そういうことを軽んじる傾向を生

んでいることも考えなければなりません。

はっきり言って、昔から日本では転々と職業を変わる人を信用しない気風があり、それは今も残っています。やはり1カ所でコツコツ10年から20年辛抱強く懸命に働いてきた人をまともな人物として評価します。そのことを私が強く認識したのは、日経を辞めて独立した直後に、ある中堅企業の長期間の営業研修の専任講師に選ばれたときのことです。

その会社の社長から「田中さんが日経時代どんな仕事をしてこられたかを興信所に頼んで調べさせてもらいました。その結果、あなたが日経において20年間営業部門で真面目に努力し、数々の実績を残してこられたことが分かりましたので、今回、お願いすることにしたのです」と言って挨拶されました。

私はそのとき、20年という継続の重みを感じたものです。もし私が4～5年でキャリアを重ねるために転職を繰り返していたとしたら、こうした評価は得られなかったでしょう。ですから、大きな目標を抱いて、どこかに就職した以上は、その就職先で働き続けることが、自他共に必要なことであり、最も賢明なことではないかと感じています。

私の場合は、将来はサラリーマンから事業主になることを志し、そのための準備として日経を選び営業職を希望しました。ところが最初は調査部門に配属されました。そこで営業部門に配転してもらうよう強く上司に頼み込んで実現したことは先述しました。それができたのも将来に対する目標を私が持っていたからです。

このように就職先で転属を願い出るのは構わないのです。むしろ何かの転機があれば、大いに転属をして新たな経験を積み重ねればいいのです。私の場合は日経の本社から日経マグロウヒル社に出向し、そこで新たなアメリカ方式によるシステムの下で営業を経験しましたが、これは今になって考えると、私にとって欠かせない勉強でした。この経験で営業だけでなく事業全般への視野が広まり、独立への準備を促進させてくれました。

ところが、当時のことを振り返ると、私のように日米合弁会社に出向することを敬遠する人も社内にはかなりいました。そんなところに行って異質な体験をするのはご免だという考え方の人はそうなるでしょう。

私はその逆でした。給料をもらいながら、将来のためになるに違いない全く新しい経験ができるとは何と好運なことかと受け止めました。ですから本社の営業部門のラインを昇進して、部長・局長と進む道を捨てることに何の躊躇もありませんでした。

そして10年間、直販雑誌の創刊のための新たな営業体制と、それを支える販売会社の仕組みづくりに精力を注ぎました。それは苦労の連続でした。本社に留まっていれば、そうした苦労とは無縁でしたが、その苦労を10年間積み上げてきたからこそ、私の独立に対する勇気と自信をじっくりと養うことができたのです。そのことを考えると、大きな目標を抱いていたことが、私の挑戦を支えてくれたことになります。

サミュエル・スマイルズの『自助論』（三笠書房）の中に次のような一節があります

「世界に偉大な影響を与えた人間を見ても、厳密な意味での天才、すなわち生まれつき聡明で輝かしい素質を備えた人物は数少ない。むしろ、並の能力にもかかわらず、粘り強く努力と研究を重ねた末に名声を得た者のほうが多い。

いくら才能にあふれた人間でも、移り気で忍耐力に欠けていれば、才能に恵まれなくともひたすら努力する人間には負けてしまう。イタリアのことわざ通り〈ゆっくり歩む者のほうが、長く遠いところまで進んでいける〉のである」

この中に「凡人成功哲学」の要素である「一点集中」「コツコツ継続」の重要性が示されています。

この「凡人成功哲学」の要素を、私たちは老舗の商法にいくつも見ることができます。これまた私の講演の中でよく紹介する言葉ですが、「地味に・コツコツ・泥臭く」「目立たず・無理せず・背伸びせず」というのがありますが、これも老舗商法からきた言葉です。

この言葉を紹介すると、若い世代の中には、いかにも古臭いと受け止める人もいます。

彼らは普段から「派手に・楽して・格好良く」を良しとして生きているからです。

今、「日本人の劣化」が指導者の間でよく取り上げられていますが、その劣化の最大の要因は、まさしく「凡人成功哲学」の欠如にあると思います。

先日、ある若手の参加者の多い講演会で「アメリカのベンチャービジネスで成功できる人は全体の2割程度です。その2割の成功した人を調査した結果、2つの共通項がありました。1つは最初の5年間は人の2倍働いていること、2つは創業してから10年間は、年中無休で働いていること」と紹介したところ、若手の間では、そんなに働かなければベンチャービジネスは成功しないのだったら、「自分にはとても無理だ」といった雰囲気が流れました。諦めが早いのが現在の若者たちです。「よし、俺もそのぐらい頑張ろう」と前向きに受け止める人は、とても2割はいないという感じでした。

作家の堺屋太一氏は、2016年3月2日付の産経新聞「正論」欄で、次のように述べています。

「現在の日本社会の最大の危機は、社会の循環を促す社会構造と若者層の人生想像力の欠如、つまり『やる気なし』である。『欲ない、夢ない、やる気ない』の『3Yない社会』こそ、現代日本の最大の危機である」

この堺屋氏の指摘は、今の日本のあらゆる部門で見られる現象です。私は自称「モチベーショナルスピーカー」と紹介しているように、人々にやる気を喚起する講演を行うプロです。したがって、かつては私を招いて、やる気のある集団にしようと考える経営者や研修担当の役員が、大企業から中小企業まで大勢いました。そのこともあって、1980年代のバブル経済の時代の私は、身体がいくつあっても足りないほど仕事に忙殺されました。

ところが1990年2月頃から始まった「失われた20年」の景気低迷の時代に突入すると、一般的に世の中の雰囲気は次第に内向き志向になっていきました。それでも営業部門では、まだまだやる気を喚起する需要は旺盛でしたから、1990年代までの私は多忙な講演活動を続けました。

それが2000年代に入ってからは、示し合わせたように日本全体にやる気の減退が感じられるようになり、それに従って私の出番も少しずつ減っていきました。そのことを実際に体験してきた私だけに、堺屋氏の言葉に共鳴するのです。

こうした「やる気なし」の現象に対して、危機意識を持っているのは、中小企業の経営者の皆さんです。その証拠に、主に中小企業関係者が大半を占める各地の商工会議所や経済団体の会合、あるいはやる気のある経営者が主催する公開講演会の私への講演依頼は、相変わらず続いています。現場で地道な仕事を続ける必要のある中小企業では、やる気のない従業員が増えていることを危惧し、私の話を聴いてみたいと思うからでしょう。

私もまた、「地味に・コツコツ・泥臭く」を旨に何事に対してもやり続ける人がいてこそ、国も会社も家庭もその存続が約束されるという強い信念を持っていますから、コツコツと続けることの大切さを、今も相変わらず繰り返して訴えているのです。

第三節　石の上にも3年ではなく10年の辛抱が必要と覚悟しよう

これからのサラリーマンは、定年後もサラリーマン時代と同じほどの歳月を送らなければならなくなりました。定年延長で65歳まで勤めたとしても、それ以後100歳まで35年間も生きる可能性が年々強まっているからです。

定年後も独立して働けるように用意しておくことは、今や、すべてのサラリーマンにとって必要とされる時代の要求なのです。そのことに早く気が付くことです。

この新しい人生上の課題を早く認識し、それに備えようと自己変革を起こすサラリーマンが多く誕生することによって、家庭はもちろん、地域社会も国も活性化されるのです。

私はこれまで数多くの成功した人を見てきましたが、その人たちに共通していたのは、本人が意識するしないにかかわらず、先見性に富み、準備の重要性を知っていることです。

サラリーマンが会社で最低10年頑張ることも、将来に備えての準備になります。そのことをよく理解している人は決してあわてず、そこに腰を落ち着けて、じっくりと仕事に向き合っています。

25年前に書いた拙著『生き方革命への対応』（産能大学出版部）の「人間何事もまず一〇年の辛抱が肝要」と題した項で、哲学者・森信三氏の『森信三先生　一日一語』の中の言葉を書きましたが、これには大きな反響がありましたので、ここに紹介します。

「〇『人間何事もまず一〇年の辛抱が肝要。

そしてその間、抜くべからず、奪うべからざるは基礎工事なり。されば黙々一〇年の努力によりて、一おう事は成るというべし』

筆者がこの言葉に出会ったのは、昭和54年、日経を退社して独立した直後の時期であった。相当の覚悟で臨んではみたものの不安な気持ちに駆られていた時に、この言葉が筆者に明確な生きる目途を示してくれたのである。

さらに精一杯がんばる気持ちを強固にしてくれたのが、次の言葉であった。

〇『人は退職後の生き方こそ、その人の真価だといってよい。

退職後は、在職中の三倍ないし五倍の緊張をもって、晩年の人生と取り組まねばならぬ』

○『休息は睡眠以外には不要―という人間になること。すべてはそこから始まるのです』

○『朝起きてから夜寝るまで、自分の仕事と人々への奉仕が無上のたのしみで、それ以外別に娯楽の必要を感じない―というのが、われわれ日本のまともな庶民の生き方ではあるまいか』

○『すべて一芸一能に身を入れるものは、その道に浸りきらねばならぬ。躰中の全細胞が、画なら画、短歌なら短歌にむかって、同一方向に整列するほどでなければなるまい』

これらの言葉は、専業一筋で生き抜こうとする筆者を叱咤激励してくれた。心がくじけそうになると、これらの言葉を読み返しては、自分にカツを入れてきた」

この森信三氏の厳しい言葉は、一銭の保障もない独立人生に踏切った人には、大きな叱咤激励の役を果たしてくれます。とくに労働基準法に守られて短時間労働を良しとする発想にとりつかれているサラリーマン時代の自分を精神的にたたき直すには、これらの言葉を己に言い聞かせることが必要です。

私が独立して10年間、それこそ年中無休で頑張ることができたのは、その背景にこの森

信三氏の言葉があったからです。自分が選んだ仕事をコツコツとどこまでも継続していくには、まさしく「休息は睡眠以外には不要」の精神が必要でした。

独立して10年間は、日経時代に蓄えた私の力を講演以外の著作・テープやビデオ作品の仕事にも投入し、気がついたら42作品を手掛けていました。講演の合間をぬっての仕事でしたが、当時は必死でしたから、無我夢中でやり遂げたものです。

このスタート時の「一点集中」「コツコツ継続」の方針で黙々と仕事を重ねていったことで、私の基礎は固まりました。その基礎工事によって地盤が形成できたからこそ、今日まで37年間、社会教育家として独立独歩の人生を歩み続けられているのです。

独立してしばらくの間、私を出版社の経営者に迎えたいという話をはじめとする様々な誘いがあり、その中には経済的にはかなりの報酬を得られる仕事も含まれていました。しかし、それらすべて断り続けました。自分が決めた仕事に打ち込むことが自分の生きる道であると心の底から信じていたからです。

もし、あのとき、そうした誘いに乗って、別な仕事に就いていたとしたら、たとえ経済的な面では今よりも恵まれたかもしれませんが、それは自分が本来望んだ道ではないことから、きっと途中で後悔したに違いありません。

その点、当たり前の良き習慣を実践することが人生で最も大切であると訴えてきたことによって、私は多くのファンからの支持を得ながら今も現役を続けることができています。それは金銭には代えられない精神面な大きな報酬です。

先日、ある経済団体の会合で講演をした直後に、地方の経営者から一通の便りが届き、そこには、こう書かれていました。

「私は1986年4月26日以来、田中真澄様の大ファンです。ご講演のテープを聴きながら酒の配達をし、今では8億円を売り上げるまでに成長しました。私も60歳を過ぎましたが、このたび初めて田中真澄様の生の声を聴き、あらためて感動した次第です。このご縁を大切にし、今後も努力してまいります」

私がどこかで講演したとき、誰かがそれを密かに録音し、今、CD（以前はテープ）となって出回り、私の全く知らない方がそれを熱心に聴いてくださっている事例が、全国の津々浦々にあるのです。

こうした方々の存在が、このようにお便りをいただくことで分かります。その多くが、テープやCDを聴いたことがきっかけとなり、仕事が好転しているとのご報告です。

この37年間の間に、これに類する数々のケースに出合いました。それを収録するだけでも1冊の本ができるぐらいです。どれも感動的な話です。

誰も知らないところで黙々と頑張ることは正直辛いことです。しかしその辛抱を重ねることが将来のために絶対必要なことであると説く私の声が、その方々には励みになっているのだと思います。

最近は、辛抱強く頑張る人を世間は賞賛しなくなりました。むしろ報われることの少ない仕事を敬遠する風潮が年々高まっており、それを当然とする人が増えています。

ですから、私のように「地味に・コツコツ・泥臭く」働くことを本気で訴える人は減り、「派手に・楽して・格好良く」の路線を説く人が圧倒的に多くなりました。

そんな状況下にあって、自分の志をしっかりと保持し、それに向かってマイペースで仕事に打ち込むことに専念している人がいます。そういう人は少数派に属しますが、しかし将来、着実な人生を歩み続け、自分なりの成功を遂げていくのは、そうした人たちです。「小よく大を制す」の言葉通り、大きな組織に所属し、その立場にあぐらをかいている人は、きっと定年後に後悔の念に浸ることでしょう。逆に小といえども自分の得手を武器に、どこまでも仕事をしながら生きていく人は、後半の人生において、正々堂々と生きていけます。人生が長くなればなるほど、組織に依存して生きるだけでなく、後半の人生を見据えて自分で準備を怠らないことが大切です。そのことに早く気付きたいものです。

第四節　何事も優先順位をつけてから行う習慣の確立を

今の日本人の多くは「80＝20の法則」（別名パレートの法則）を知っていますが、私が日経を辞めた1979（昭和54）年頃までは、この法則はあまり知られていませんでした。ですから独立当初に、ある銀行の新入社員教育を午前組と午後組に分けて担当したとき、この法則に触れ、参考文献として板坂元氏の著書『続考える技術・書く技術』（講談社現代新書）を紹介したところ、銀行の近くの書店では、この本がかなり売れたという話を後で耳にしました。

1998年にアメリカの経営コンサルタント・リチャード・コッチ氏の著書『The 80/20Principle』が翻訳されて阪急コミュニケーションズから『人生を変える80対20の法則』が刊行されると、80対20の法則に関する類書が次々と書店に並びました。

以来、ビジネスマンの間では、この法則を使って仕事をする人も増えてきました。

私の場合は、そのときよりも約20年前に、すでに仕事で活用していましたから、その点ではとても得をしたことになります。

その80対20の法則について、ここで簡単に説明しておきましょう。

スイス・ローザンヌ大学の経済学教授であったイタリア人のヴィフレド・パレート（1848年〜1923年）は1897年、19世紀のイギリスにおける資産の分布を調査しているときに、わずか20％の人たちに資産総額の80％が集中しているという富の分布の不均衡に法則性があることを発見しました。さらに彼は、この法則性が時代や場所を超えて、あらゆる事象に認められることをデータで再確認したのです。

すなわち、上位20％が全体の80％に相当するという法則が、不思議なことに、どんな事象にも現れることが突き止められたということです。

例えば今日の事例で言えば、「売り上げの80％は、20％の商品で占められている」とか、「文章で使われている単語の80％は、全単語の20％の頻出単語である」とか、「都市の交通量の80％は、都市全体の道路の20％に集中している」とかの例が、この法則性を示していま す。このことから、この法則性を「80対20の法則」とか「パレートの法則」と呼ばれるようになりました。

この80対20の法則を、私は2つの側面からとらえることにしまいた。

1つは、1人の人間が成功の道を歩みたければ、成功要因の上位20％に当たる「良き生活習慣」を徹底して実践していくことです。この20％が「凡人成功哲学」だからです。

この上位20％に当たる行動と考え方の良き習慣を身につけていけば、成功の80％を手中に収められるのです。ところが多くの人は、普段、物事をそのように受け止めてはいませんから、どうしても自分勝手な思い付きの考え方や行動で生活してしまいがちです。

一方、成功できる人は、良き両親や指導者に恵まれたこともあって、やらねばならぬ上位20％の重要な良き習慣を身につけ、それを欠かさず行うことを生活の基本にしていますから、結果的に意図しなくても成功の人生を歩んでいるのです。

この捨て置けない事実、すなわち「凡人成功哲学」を知るか知らないかで、人生は大きく変わります。そこで先述したように、良き習慣を利他性・積極性・明朗性に類別し、それを日常の習慣（行動と考え方の習慣）として体系的に理解し、行動することが私たちにとって最も大切な生き方になるのです。

２つは、これからの私たちは死ぬまで働き続けることが求められますが、その場合、どのように働けば能率が上がり、質的にもいい仕事ができるのかが問われます。

そこで仕事がうまく運ぶためには、物事を緊急度・重要度に応じて優先順位をつけ、その順番通りに上位20％を必ず実施するのです。そうすれば全体の80％が達成されたことと同様の価値ある結果が生まれることになり、質の高い仕事が行われたことにつながるのです。このように2つの側面から、私たちの日常生活の仕方を工夫していけば、やるべきことが自然に決まってきます。

私は、80対20の法則を、この2つの側面から日常生活に活用してきた一人です。そこでこれまで述べてきたことの復習を兼ねて、以下にもう一度まとめておきましょう。

まず成功に欠かせない日常の習慣についてです。

第一は「早起き」の習慣です。

早起きの効用については、今さら言うには及ばないでしょう。毎朝6時半までに起きる習慣を身につけた人は、健康を保ちながら能率的な仕事をしている事例を、私たちは周りの人たちの中からいくらでも見つけることができます。私たちもその一人になることです。

第二は「歩く」習慣です。

1秒2歩のテンポで、毎日平均1万歩前後歩いている人は、やはり健康を維持し、認知症とは無縁の生活ができます。高齢者が増えたことで、このことがやっとみんなの常識になってきています。ですから高齢者の間で散歩が盛んになっているのは大変いいことです。

第三は「しつけ3原則」の習慣です。

挨拶・返事・後始末の習慣を身につけた人は、一生涯、良い人間関係に恵まれ、幸せな一生を送ることができます。「挨拶人間に不幸なし」の言葉がそれを証明しています。

第四は「目標設定」の習慣です。

「人生の目的は、一生涯自分を磨き、死ぬまで働き続けること」という生きる目的をいつも意識しながら、その目的の下に、1日・1週・1カ月・1年の行動目標を設定し、それに基づいて毎日を積極的に生きることです。この習慣が老後の人生を生き甲斐のあるものにしてくれます。

第五は「笑顔」の習慣です。

笑顔を意識的に身につけていると、本人の気持ちが明るくなり、人間関係も良好になります。「笑う門には福来る」のことわざは永遠の鉄則です。しかも健康にもいいのです。

第六は「肯定語多用」の習慣です。

相手に対して賞賛・祝福・感謝・慰労の言葉を発すれば発するほど、相手はもちろん、言った本人も心が明るくなり、幸福感が増してきます。肯定語多用で人生は好転します。

第七は「陽転思考」の習慣です。

何事も明るく受け止めればそこから必ず何かを学ぶことができます。「無駄な体験一つもなし」と考えれば毎日の生活が楽しくなります。そのために一旦受けた仕事はどんなことでも一所懸命に打ち込むのです。この姿勢を保ち続ければ、本人は仕事に生き甲斐を感じ、他者からは賞賛され、支持されることになります。

第八は「何事も優先順位をつけてから行う」の習慣です。

夜寝る前か、朝一番で、一日の仕事に順位づけをしてからスタートしますと、重要な仕事は全うでき、約束をしたことを忘れて人様に迷惑をかけることはありません。

以上の習慣を毎日忘れずに実践していけば、必ず人生を良い方向に導けます。

私はこれらの習慣を自ら実践し、仕事を通して世間にもその実践を訴え続けてきました。おかげで独立独歩の37年間、健康に恵まれ、仕事に恵まれ、家庭生活にも恵まれました。

これらの大本は、上記の良き生活習慣を日々実践してきたことにあると考えています。

また、私の訴えを素直に受け止め、私と同様の習慣を実践中の方は、どなたも健康で明るく、成功の人生を実現しています。この事実は景気不景気に関係ありません。

「成功の原理は幼稚園児でも知っている単純な習慣の中にあり」を肝に銘じましょう。

第五節　人生を順調に過ごすためには環境の整理整頓から

時間の有効活用で忘れてならないのは環境の整備を重視することです。そのことを次のような体験で学びました。

私は１９５９（昭和34）年、日経に入社し新人教育の一環として新聞販売店で配達・集金・拡張の仕事に従事したことは先述しました。このときの経験は、後の人生に大きく役立ちました。その一つが家庭の状況を見れば、その人が分かるということでした。

日々の朝刊と夕刊を配達、月末の集金、月半ばの日経未読家庭への勧誘訪問、といった仕事を繰り返していますと、その家の周囲の在り様や玄関先・お勝手口での応対の状態から、相手の人柄が分かってくるものです。

一軒か二軒では分からないことでも数をこなしていると、家庭でも商店でも事業所でも成功しているところかどうか、経験的に分かってくるようになります。

その決め手になるのが生活環境の状況です。いつもきちんと整理、整頓されている家庭や事業所は、そうでないところよりも生活も事業もうまくいっています。なぜなら、そういうところへの集金に行くと、いつも気持ち良く支払ってもらえるからです。

人も会社も金を支払うときの振る舞いに差があります。経済的に余裕のないところは、環境整備にも気が回らず、精神的にも思いやりに乏しく、わずかな新聞代金の支払いにまで渋りがちで、しかも支払い時の対応にも人間的な温かみがありません。

それを世間は目ざとく見抜きます。興信所が家庭調査をするときに、家の周辺・玄関先の整頓具合、出入りの業者への支払い状況を調べると言いますが、私の経験からしてもその調査方法は的を射ていると思います。

生活にだらしない人や生活に困っている人は、それが生活の各場面で出てくるものです。私の父は軍人でしたから「人はいつ死ぬか分からぬ。だからいつ死んでも他人様に笑われないよう、毎日、下着は清潔なものを身につけ、身の回りのものは整理しておけ」と口癖のように言っていました。

そのために母は父の言う通りに、常に私の下着をはじめ着るもの・身につけるもの・部屋の片づけには注意を払ってくれました。そのこともあって、私は学校時代に服装・持ち物検査などで、先生に注意されたことは一度もありませんでした。

そんな小さいときからの習慣によって、だらしない格好をすることや身の回りをほったらかしにすることが嫌いでした。大学時代の寮生活でも独身時代の一人暮らしのときでも、こまめに洗濯をして身ぎれいにしていましたし、部屋を乱雑にしたことはありません。もちろん結婚してからも夫婦で生活環境を整えてきました。2人の子供たちにもだらしない生活は許しませんでした。自己管理のきちんとできる習慣を身につけさせてきました。

こうした習慣がプラスに働いたのでしょうか、私は学生時代にはいい友人に、社会人になってからはいい先輩・同僚・後輩に恵まれました。家庭を持ってからも、迷惑を持ちこむような人に振り回されるような経験はすることなく今日に至っています。

このことは事業を営む際にも言えることです。**日経時代の20年間、独立してから37年間、私は多くの企業・商店を見てきましたが、繁盛しているところは、間違いなく6S（整理・整頓・清掃・清潔・しつけ・作法）に時間と費用を投じています。そうすることによって、社員も事業もいいチャンスに恵まれるからです。**

世間は6Sに心を砕いている人や事業主の存在に注目しており、そういうところに支持の手を差し伸べるようになっています。このことは時代を超え、場所を超え、どこの国でも言えることです。だからこそ何事にも手抜きをしてはならないのです。

東京ディズニーランド・ディズニーシーの人気を支えているのは来場者の7割を超えるリピーターの存在であることはよく知られていますが、そのリピーター人気は「本物志向」「清潔」「スタッフが生き生きしている」の3つの要因が支えになっているのです。

あの2つで30万坪の園内に、年間で3000万人、1日平均8万人の来場者で賑わっているにもかかわらず、ゴミが落ちていないという清潔さに感動する人は少なくないはずです。なぜなら他の多くの遊園地はゴミが多いのが当たり前になっているからです。

それに対して、ディズニーはすべてのことにおいて清潔であることが基本であり、あらゆるものに優先して掃除が最大のショーであるとスタッフに教え、またカストーディアルと呼ばれている清掃専門の担当スタッフが15分おきに自分の担当エリアを回ってゴミを処理しているのです。園内がきれいであることの理由がそこに見いだされます。

かつて日経の経営者アンケートで、現役の創業者で日本一の社長は日本電産の永守重信氏であると報じられました。私は講演の中でよく永守氏のことを話していましたから、この日経の記事を読み大いに共鳴したものです。その永守氏が月刊誌『致知』の2011年号の特集「人物を創る」で次のように語っています。

「儲かっていない会社にはいくつかの共通点があるのです。一つは社員の士気が落ちています。原因をそこの経営者に聞くと、わが社は労働組合が強くてというふうに言い訳をするけれども、私に言わせたら八〇%は経営者の責任です。

経営者がしっかりしていたら労働組合は強くならないと。きちんと払うものは払っていないし、職場環境も悪いから労働組合が強くなっているのです。

それから、会社の士気が落ちていると当然工場は汚いですよ。事務所も汚い。電話の応対がいいかげん。マナーがなっていない。つまり6Sができていないのです。

整理・整頓・清掃・清潔・躾・作法の六つのSのことを我々は6Sと呼んでいるのです。

例えば、ダメな会社に限って便所掃除の人を雇っています。私は全員辞めさせて他の仕事に回すのです。社員がやらないとダメですよ。

掃除の人がやってくれると思うから汚すわけで、自分たちが掃除をすれば気をつけて使うのです。私も自分で使った便所は全部自分で掃除していますし、新入社員も一年間便所掃除をさせています。

いまは有名になりましたが、昔はこんなことをさせるのかと言って一日で辞める人もいました。そんな人であれば当社には必要ありません。便所掃除もできなかったらどうにもならないですよ」

永守氏の唱える6Sは、人間の生きる根幹、経営の基本であると思います。そのことについてやはり掃除を重視する伊那食品工業会長の塚越寛氏は、大森信氏の『そうじ資本主義』（日経BP社）の中の対談で以下のように述べています。

「恐らく掃除は、根源的な、人間的な精神を構築するために大切なものだと思います。だから、人の優しさであるとか、思いやりであるとか、そのようなものも含めて、もっと人間として大切なものを涵養するものが掃除であって、『掃除だけしていれば、それだけで儲かる』というようなものではない。当然、経営ノウハウやテクニック、戦術、戦略、すべて必要です。それはもちろんです。掃除はもっと根幹にある大切なものを育てるためのものだと思います」

すなわち掃除を含めた凡事徹底に時間を投入することで、人格が良くなり、それが会社を良くし、その結果が顧客の支持を得て、業績向上につながっていくのです。

そのことを優秀な経営者は自らの体験で会得しているからこそ、６Ｓの徹底に力を入れているのだと思います。時間の活用のポイントはそこにあることを肝に銘ずることです。

第六章

小に徹する第四の条件

～良きご縁を創造する「ことば」を磨く

第一節　「商売は良いお客様の数で決まる」を肝に銘ずる

この本で顧客の数の重要性を繰り返し述べてきたのは、そのことを多くの人が認識していないからです。日本人の就職観は、自分の能力が認められ、給与をはじめとする待遇の良い勤め先で正社員として勤務し、定年まで安心して働けることを最大の目標にしています。そこには、就職して自分の力で良い顧客を創造することへの配慮が見られません。

その配慮に関しては、学校時代に教わることはありません。只々、就職に有利な学歴を取得するための学力を身につけることに本人も親も学校も必死であり、それ以外のことには全く関知しないできました。また、これまでの時代はそれでも良かったのです。

なぜならば明治以来今日まで、いい学校を卒業し、いいところに就職し、そこで定年まで勤め、その間に結婚して家庭を持ち、子供を育て、家を購入し、サラリーマン人生を無事に終えた後は、預貯金と退職金と年金を基に、夫婦で余生を過ごすことができたからです。ですから、そのような人生が、サラリーマンが描く最高の人生だったのです。

今でもそうした人生設計を描いているサラリーマンが圧倒的に多数を占めています。それ以外のことを考えたりやったりするのは変人とさえ言われてきました。まさしく私は、その一人でした。

ところが、２０１３年に日本人男性の平均寿命が80・21歳と80歳を超えた頃から、人々の意識は変わってきています。大半が80歳以上まで生きる時代に、60歳で定年を迎え、定年延長の制度で65歳まで雇用は確保されたとしても、その後の少なくとも15年～20年を年金と蓄えたお金だけで人生を全うできそうもないことに、多くの人が気付き、そのことに不安感を抱くようになったからです。またそれを煽るように、マスコミ特集を組んで、定年後の老後貧困に関する問題を盛んに論じるようになりました。

私はそうした一連の特集を読みながら、そこに勤め先を離れた後の独立自営の観点から老後問題を取り上げる編集者がいないことを不思議に思っています。

現在の65歳の年代の人は、昔と違ってまだまだ十分に現役として働けます。その現役力に蓋をして余生の生活を送ることは、本人にとってはもちろん社会にとってももったいないことです。そのことに言及し解決策を示すのがマスコミの責任ではないでしょうか。

最近は高齢になっても活躍している漫才師がよくマスコミで紹介されるようになりました。１９２２（大正11）年生まれで94歳の内海桂子氏、１９３２（昭和７）年生まれの84歳のあした順子氏がそうです。共に死ぬまで働くとの覚悟を表明しています。

こうした80代半ば、90代半ばになっても現役で頑張っている人の情報に接すると、拙著『１００歳まで働く時代がやってきた』（ぱるす出版）の発刊は実に時宜を得ていたと思えるのです。

そこで考えたいのは、内海桂子氏も、あした順子氏も芸能生活を通してファンを創ってきたことです。ファン層が全国的に形成されているからこそ、浅草の東洋館でも、時にはテレビでも活躍できているということです。

このような**自助自営の人生を送るには、その人を支持する顧客層の存在が条件となります。同様に、サラリーマンが定年後、自分の専門力で自営の人生を目指すためには、それを支えてくれる顧客の形成があってこそ実現できるのです。**

サラリーマンも、勤務中にどれだけ人縁を形成しておくか、その数が量的にある程度ないと質のいい顧客との出会いが作れなくなります。質は量から生まれるのですから。

私の場合ですが、独立の挨拶状を８００通出しましたが、それは私の顧客リストが８００名であったことを意味します。しかし独立後、すぐに私の仕事を支援してくださったのはそのうちの約１％の10名前後の方々でした。

この方たちが、私にとってのインフルエンスピープル（影響力のある人物）だったのです。この方々の存在があったからこそ、現在の私が存在することになっていると言えます。

ところで、私が日経マグロウヒル社に出向して最初に手にした米国本社のダイレクトマーケティングに関する資料を読んだときの強烈な印象は、今も記憶に残っています。

その資料は「事業の盛衰は良い顧客の数で決まる。その顧客を選ぶ権利は事業主にあるのだから、普段から顧客の中から良い顧客を選別し、その良客のリストの数を増やしていくことに経営努力を集中すること」と示唆していたのです。

このとき以来、私は仕事や私的な関係で交流した社外の人のリストを大切にし、その人たちを再訪したり、文通を交わしたりして、自分の良客になる方かを見極めていきました。

その良客の数が10年間で８００名になったのです。この８００名という量が10名の強力な支援者を生んでくれたのです。支援者の協力で私の仕事のマーケットが徐々に形成されていくにしたがって、８００名の中から次々と第二次の応援者が出てきました。

この現象は、まず点火役になってくれる人がいてくれたからこそ、その火は徐々に全国的に広がっていったことを示しています。私が社外の人たちと交流を図っていったのは、私の担当する専門雑誌の直販ビジネスは日経にとっては初めてのことでしたので、社内に相談すべき人がいなかったことにあります。とにかく分からないことがあれば、その筋の最高の情報を持っていると思われる方にアポイントを取り、直接訪問して私の疑問をぶつけて何でも聞いて回りました。

幸いに先方も日経マグロウヒル社の直販ビジネスに興味を持っておられ、面談のアポは取りやすく、質問にも親切に答えてくれる人がほとんどでした。私も先方が求める情報で公表しても差し支えないものは躊躇なく提示しました。そのこともあって、その後の人間関係は良好に保たれ、良客のリストも増えていきました。

訪問先の多くは直販に関係のある会社の幹部でしたから、聞き出すことができた情報は、その後の私の担当する直販ビジネスに非常に役立ちました。もちろん会った直後に礼状を出すなどフォローアップには手抜きのないよう心掛けたつもりです。そのこともあって、そういう方々とは日経退社後も交流を図り、私の良き応援団になってくださっています。

面談後のフォローアップの礼状では、先方の情報がいかに役に立ったかの具体的な意見を述べ、その厚意に深く感謝する私の気持ちを前面に出しました。先方の存在とその重要性を私なりに高く評価する行動をとったのです。

それによって先方の私に対する気持ちがプラスに好転し、その後のお付き合いに好結果を与えたのです。

私が日経を辞めるとき、信頼していた先輩から「田中君、これからは日経を頼るな。したがって3年間は日経には来ないほうがいい。君が一人前の仕事ができるようになったら、こちらから招くよ」と言ってくれました。

私はそのことを守って、退職してから3年間、その先輩が私を日経の会合に講師として招いてくれるまでは行きませんでした。

そのようにお世話になった日経の人脈に頼らずに、独自の仕事ができたのも、社外の親しい人たちが私の活躍の場を次々と創ってくださったからなのです。

その社外の人たちを味方に引き入れたのは、相手の美点を言葉で表現し、相手を賞賛する方法を活用することでした。この経験から肯定語を積極的に用いることが、良好な人間関係を構築するうえで欠かせないものであること実感したのです。

第二節　ご縁の大切さを知る良客とのつながりを増やすこと

人間関係を良好に保ち続けるには、ギブアンドテイクの関係が前提となります。一方的に与えるギブばかりだと、次第に与える側は不満を持つようになります。

与えてもらった側は、すぐにその厚意に感謝し、せめて心のこもったお礼を便りやメールで伝えることが最低の礼儀というものです。それができない人は、人間関係の機微に鈍感か、利己心だけが強い人か、ケチな人と見なされ、次第に人々とのご縁をなくしていきます。

世の中には、実際にせっかくのご縁を台無しにする人がいます。こちらが好意的にしてあげても、それを感謝するわけでもなく、してもらって当然と受け止めているのか、何の反応も示さない人がかなりの率でいます。こういう人と付き合っていると気分が悪くなるのが人間の情というものです。そうなれば良好な人間関係を築くことはできません。

私よりも年齢が一回り上の知人であったM氏は、生前、月刊の個人新聞を発刊していました。その人は名刺を交換した人には必ずその新聞を届けていました。しかし礼状がくるのは全体の20％程度だと言っていました。その20％の人たちと交流を重ねていくことで、氏は新たなビジネスチャンスを創造し、80代半ばまで事業を続けていました。

M氏は「田中さん、人間は平等ではありません。こちらの厚意を無視するような人と付き合ってはいけません。こちらが無償の厚意を提供する以上、それを理解してくれる徳のある人を選んで付き合うことが大切です」と語っていました。

氏の言葉に共鳴した私は、お世話になった方々に不義理にならないよう心掛けています。

日経マグロウヒル社に出向した10年間、私は経営・管理職層や専門職層に絞ったマーケティング戦略・戦術を展開する職務に従事していた関係で、どんなタイプのビジネスマンが成功していくのかを、様々な場面で観察させてもらうことができました。

総じて言えることは、お世話になる人に対して心配りのできる人、すなわち相手の存在を決して無視せず、温かい関心を寄せる態度を保持できる人は、どんな業界でも成功していると言えます。

私が日経時代に都内の高級住宅街を担当する販売店の店主から聞いたことで、今も記憶に残っている次のような話があります。

「8月と12月の集金時には必ずうちの店員に、お中元・お歳暮を用意してくれている家庭があります。夏はタオルや靴下、冬は手袋などですが、店員にとっては嬉しいものです。配達区域の10軒近くからもらってくるのです。こうした家庭はご主人も奥さんも感じが良く、私たちも配達し甲斐があるというものです」

新聞の配達・集金は決して楽な仕事ではありません。それを忠実に黙々と行う店員に対して、温かく接してくれる人たちがかなりいてくれることに、私は感動したものです。

多分、このような家庭は、新聞店の店員だけでなく、出入りの業者に対して同様のもてなしをしていたと思います。そうした業者は、親切にしてくれる家庭の存在に感謝し、何かあったらすぐ飛んでいく気持ちを抱くことでしょう。

このように業者の苦労を分かってくれている人は、業者からも好かれます。そういう好感が循環して、お互いがいい関係になっていけるのです。世の中をスムーズに渡っていくコツがここに見いだされます。

一方、業者泣かせの人も結構いるものです。それが分かるのは集金業務においてです。どの業者も月末に集金で訪問しますが、そのときにすんなりと支払ってくれない家庭や会社があります。「今は忙しいから、日曜日に来てくれ」と言われて、日曜日に行けば誰もいなかったりします。そして何度も何度も出かけ、約束を守ってくれないことで喧嘩しながら、やっと払ってもらうこともあるのです。

繰り返しますが、人の良し悪しは、お金の支払い時の態度に出てくるものです。払わなければならない金を出し渋る人は、自分中心で相手の立場を考えていません。自分の都合を相手に押しつけるこうした振る舞いは、本来、人としてやってはいけないことです。

こういう人は、集金だけでなく何事にも難癖をつけて、相手を困らせる傾向があります。そんな態度を続けていると、そういう人はだんだん世間を狭くしていきます。周りが敬遠し、最後はその人を無視するようになるからです。

以上のように、世間には良い人もいれば、良くない人もいます。多くはいい人ですから世の中はうまく回っているのですが、わずかでも自分勝手な人がいると、世の中の組織はうまく機能していかなくなります。

したがって、**とくに個業主の場合は良い顧客を選んで、余計な手間を掛けずに済むようなビジネス環境を創る必要があります。幸い、良い顧客の周りには潜在的な良い見込み客がいます。そうした良い見込み客を顧客から紹介してもらうことで、良い顧客群を創造し、より良いビジネス環境を形成していけるのです。**

ビジネスを上手に展開していくうえで最も気をつけなければならないのは、顧客に対するフォローアップを迅速にしかも丁寧にすることです。良い顧客ほどフォローアップの程度で、相手を見抜く力があるからです。「そこまでやってくれるか！」と顧客が感嘆するほどにフォローアップを徹底してやることです。この行為が顧客感動のマーケティングです。

私がフォローアップの重要性を学んだのは、全米で最も権威があり、１世紀にわたって幾度も改訂を重ねているセールスの教科書『Text book of salesmanship』です。この教科書はアメリカの大学・高校で使われている米国マグロウヒル社発刊のものです。私も日経時代にこの本に出合い、そこから多くの学びを得ました。

この本のフォローアップの項で次のような一節に接することができます。

「同じ買い手にまた買ってもらうこと、実はこれこそフォローアップの目的なのである。次のセールスは、すぐ成立するかもしれない。あるいは数年後になるかもしれない。しかし賢明なセールスマンは、セールス成功後直ちにフォローアップを開始し、その時点で、もう次のセールスを始めている。同じ買い手にセールすることは、当分の間ないかもしれないが、そのお客から好意を持たれることの重要さを決して忘れない。事実、満足したお客は、会社にとって最上の広告である。そして一流のセールスマンはだれもが、お客の口コミから多くの新しい注文が生まれること、また、顧客は、セールスマンのフォローアップの努力を高く評価し、知り合いの人に推薦してくれることを知っている。

400人の購買担当者に『注文に対しセールスマンは行き届いたフォローアップをしていますか』と質問したところ、約38%は『イエス』と答えたが、62%は『ノー』だった。この数字を見ても、改善の余地がたくさん残っていることは明らかである」

このフォローアップの大切さは、わが国でも全く同じです。**優秀な事業主やセールスマンほど、新規のセールスに時間を投入するよりもフォローアップに時間を費やしています。そのほうが長い目で見てセールス（事業）の効率が上がるからです。**

私もフォローアップに多くの時間を投下してきました。講演に招かれた後、主催者には直ちにお礼状を出すことを心掛けてきましたし、講演の前後にお会いした際の約束事は直ちに実施しました。北海道の某商工会議所の講演会に招かれ、会頭に約束の拙著を贈ったところ、その礼状に「これまで多くの講師から本を贈ると言われたが、あなたのように即座に実行してくれた方は珍しい」とありました。私は約束を守らない人がそんなにいるのかと驚きましたが、それほどフォローアップの実践は意外と難しいもののようです。

第三節　年中無休・24時間サービス精神でクイックレスポンスの実践を

青森県某市の講演会に招かれたときのことです。翌朝一番の出講のため夕刻にホテルに入り、寝る前にマッサージを頼み、65歳の男性の指圧師が来てくれました。その人は自宅で開業し、併せて訪問施術も行い、夜はホテルからの招きが多いと語っていました。

私は職業柄、地方の講演会に招かれて前泊でホテルに宿泊するときは、よくマッサージを頼みます。その経験から指圧師の腕の良し悪しは施術を受けるとすぐ分かります。

その夜に頼んだ人の腕前はたいしたものでした。これだけ上手ならば、きっと顧客も多いのではないかと思い、いろいろ聞いてみました。案の定、技術だけでなく、経営感覚も優れており、ずっと堅実なビジネスを維持しているようでした。

第一に、顧客を優良客に絞っていることです。

市内の顧客でも金払いが良く、リピートオーダーをしてくれ、見込み客を紹介してくれるような良い顧客づくりを心掛けているとのことでした。

第二に、年中無休の体制を30年間も維持しているようでした。

何時でもどこへでも頼まれたらすぐに行くという訪問施術を長年実践してきたことで、バブル経済崩壊の不況後も仕事には困らないで助かっていると語っていました。

第三に、期待以上のサービスをしてくれたことです。

約束の60分間を超えても、「もう一度ここを念のために揉んでおきましょう」と言いながら、さらに10分間も余分に施術してくれたことで、私は大いに満足しました。

この経験を通して、職業は違っても成功する人の考え方は誰でも同じであり、常に顧客の目線で発想しつつ仕事をしているものだと感じたのです。


この指圧師は個業主ですから、どんな顧客対応も自由にできますが、それを企業のサービスとして徹底している会社があります。

顧客満足度で高い評価を受けている新日本ビルサービス（本社・さいたま市見沼区東大

宮）という会社です。

この会社は、「日本一の施設管理統括業務（ファシリティマネジメント）・施設運営管理（プロパティマネジメント）を目指している目下躍進中のビルサービス企業です。私は２００９年に拙著『江戸時代に学べ』（ぱるす出版）で、同社を次のように紹介しています。「新日本ビルサービスのホームページで、同社の経営理念の項を見てください。そこに『時を守る、場を清める、礼を正す』の三大原理がはっきりと掲げられています。その『時を守る』の説明文には、以下のように記されています。『信用の第一は時間厳守、約束をした時間を守ることです。私たちは、５分前精神を徹底し、約束した時間、納期を厳守します。時間を守るということが信頼の原点であり、このことを肝に銘じて実践してまいります。人間として本物かどうかの基準はその人の言っていることと、やっていることがどれだけ一致しているかどうか、で判断できます。その第一が時間を守ることです。年中無休・24時間体制、日本一連絡体制の良い会社をめざします』」

同社は、この経営理念通り、年中無休・24時間サービス体制に徹した結果、この20年、破竹の勢いで成長を遂げ続けています。23年前の同社創業時に社員数は76名でしたが、その後の社員数の推移は、２００６年に８４９名、２０１０年に１，３７８名、２０１２年に1、673名、2014年に1、909名、そして2015年にはついに2、000名を突破し、その増加の勢いはまだまだ続きそうです。この急速な発展は一体どういう要因からきているのでしょうか。それを示す一つの事例があります。

年中無休で朝の10時から深夜の2時まで利用できる日帰り温泉「湯快爽快」大宮店では、深夜2時半から早朝5時半までの時間帯で浴場清掃が行われています。この清掃事業を早朝に時間通りに徹底して行っているのが新日本ビルサービスのスタッフなのです。

浴場を清潔に保つことの難しさを知る関係者たちは、この大宮店が何年経ってもいつもピカピカの状態を維持している素晴らしさに関心が向きます。そこで店長に「ここの清掃は誰がやっているのか」と尋ねると、「新日本ビルサービスが担っています」との答えが返ってきます。

このように現場の状況が水準よりもはるかに優れていれば、関係のない人でも、その現場担当の企業名を聞き出したくなるものです。また店長も清掃担当者に迷惑をかけない範囲で関心のある人には紹介したくなるものです。

このように発注者が驚くほど優れた清掃を行う担当者の存在は、知らず知らずのうちに関係者の間で伝わっていくのがこの世の中というものです。

まさしく新日本ビルサービスの存在は、特別に宣伝しないにもかかわらず、施設管理責任者の間で、徐々に知られるようになり、その都度、新しい取引先が増え、それによって社員の数も増え続けているのです。

「mouth advertising is the best one」（クチコミは最大の宣伝なり）という言葉がありますが、人から人へ伝わる噂は大きな力を発揮します。ただし、「悪い噂は良い噂よりも100倍速く伝わる」と言われるように、良い評判はゆっくりとしか伝わっていきません。ですから良い習慣を行う以上は、決して短期で結果を求めてはならないのです。黙々と長い年月続けていってこそ、徐々に世の評価を受けられるようになるのです。

当節は短期決戦で勝負を決める傾向があります。良いことを実践するとすぐに結果を求めようとします。それは無茶なことで、昔も今も人を動かすには、コツコツと長い間実践して行くなかで、やっとその行為が認められ、賛同者を得られるものなのです。その場合も、上位20％の人が最も早く認めてくれます。それでいいのです。すべての人に認めてもらおうと期待するのは、どだい無理です。だからこそ顧客の差別化が必要なのです。

人を評価する場合、まずその人の日常の習慣を見て判断する人が本物の人物です。本物の人物ほど単なる口先だけの人を信用しないのです。

「行いは言葉よりも雄弁」ということわざがありますが、それは行動が本当の人柄を示すことを示唆しています。上位20％の人は、そのことわざの真意を理解している人たちです。

残念ながら、残り80％の人は、良き行動を続けている人を積極的に支援しようとはしません。傍観者で終わる人たちです。ですから私たちは、新たな行動を起こすときは、上位20％の人たちを味方にできるように、普段からその人たちとの交流を深めておく必要があります。

では具体的にはどうすればいいのでしょうか。決め手はクイックレスポンスです。年中無休・24時間対応の行動をとることです。何か頼まれたら迅速に対応する、問い合わせにはすぐ答えるといった習慣を身につけて、上位20％の人に「あの人は頼りになる」と思ってもらうことです。

これまで私は、３マメの実践を推奨してきました。口マメ・手マメ・足マメのことです。口マメとは電話を掛けることです。これは今の日本人は携帯電話のおかげで得意になりました。手マメとは筆まめのことで、まめに礼状・祝い状・慰労状などのお便りを出すことです。これは今の人の多くが苦手にしています。だからこそ、筆まめに徹した人は物事を有利に展開していけます。足マメは訪問のことです。何かあれば飛んでいく習慣のことで、これまた有力な対人関係の武器になります。とにかくマメに動くことが大切です。

第四節　相手の期待以上の仕事をすることを常に心掛ける

私たちは、レベル10の仕事を引き受けたら、約束通りレベル10の仕事をするのが常識です。しかし良い顧客であればあるほど、それに満足したとしても感動はしません。「この人（会社）はよくやってくれるな！　たいしたものだ」と顧客が心から感動を覚えるのは、レベル10を超えてレベル12の仕事をしたときです。つまり「十分に」ではなく「十二分に」してくれることを望むのです。

この20％アップの仕事をしてくれる人（会社）を良い顧客ほど求めています。そうした仕事をしていると、顧客は心から信頼してくれ、リピートの注文を出すと同時に、人に紹介してくれるようになるのです。

そのことを私は父から学びました。先述の通り、軍人であった父は、戦後の6年半は戦犯の指名を受けたため公職に就くことができず、行商人をして家族を養ってくれました。

行商は天候に左右されて売り上げは不安定な仕事です。ですから人並みの仕事ぶりでは長く続けることは難しいのです。父はそのことを経験的に知ったのでしょう、朝一番から夜遅くまで、長時間、こまめに動き回っていました。それこそ普通の人よりも20％以上は余分に働いていました。そのおかげで私たち家族は貧困に陥ることなく、人並みの生活を戦後の厳しい時代も送ることができました。

私は父の後姿を見ながら、人の2倍ぐらい働くつもりで頑張れば、どんな世の中になっても他人様から支持され、何とか暮らしていけるようになるものだと教えられました。

1952（昭和27）年、講和条約が発効し、父は公職に復帰することができましたが、行商人のときの習慣がすっかり身についてしまったのか、地方公務員になってからも地域住民のためによく働きました。「田中さん、そんなに働いては困りますよ」と労働組合からクレームがついても、父は住民本位で仕事をし、時には日曜出勤も自発的にしていました。

それによって父は担当職務を120％ぐらい完遂していました。職場では誰にも文句を言わせないほどの仕事ぶりだったと思います。その結果、当時は定年制度も確立していない時期だったこともあり、父は公務員としては珍しく70歳まで現役として働きました。

父は勤勉な生き方を示す見本のような人でした。そんな父の姿に接し続けた私は、中学時代は勉強だけでなく、生徒会の活動に力を注ぎ、中学では3年生時に会長を、高校では

1年生で副会長、2年生で会長になり、生徒側と学校側の間に立って運営に協力しました。

東京教育大学に入学し寄宿舎生活を始めた私は、勉強熱心な学生の多い同大学の仲間たちと同様に学業もアルバイトも真面目に行いました。父のＤＮＡが私に遺伝していたのでしょう。その生活ぶりは、今の学生諸君にはストイックに感じることでしょう。

大学を卒業し社会人になっても、仕事で手を抜いたことはありません。仕事柄、日々業務日誌を書くことが義務付けられていましたが、それも上司が読んで参考になるような情報提供を心掛けました。上司は私の日誌を読むのを楽しみにしてくれていました。

私が日経を退社して10年経った頃から、管理職になった後輩たちが、日経の会合の講演会に私をよく招いてくれるようになりました。その時、部長になっていた後輩が「田中さんの業務日誌を社員教育で使わせてもらっています。日誌はこのように書くものだと教えるには、最もいい見本になるのです。それにしても、田中さんは毎日毎日、よくあれだけのことを書き続けられましたね。それだけでも頭が下がります」と語ってくれました。

私にしてみれば、20年も前の業務日誌を読まれるのは恥ずかしい気分でしたが、それでも日々、仕事に精一杯打ち込むことの重要性を、後輩の諸君たちが私の日誌を読むことで気付いてくれればと思い直したものです。

これまでの拙著で幾度か紹介してきた偉大な人物の一人にウィリアム・オスラー博士（1849年～1919年）がいます。博士はカナダ・オンタリオ州の牧師の子として生まれ、マギル大学医学部を卒業後、イギリスとドイツに留学。母校に戻って10年間医学部に勤務後、アメリカ・ペンシルベニア大学の内科教授に招かれました。ここで5年間過ごし、新しい臨床医学教育の確立に貢献しました。その名声がアメリカの医学界に知られることになり、ジョンズ・ホプキンズ大学に招かれ、医学部創設と大学病院の設立と運営を任されることになりました。

博士は15年間、同大学で数々の業績を残した後、イギリスのオックスフォード大学から欽定教授《きんていきょうじゅ》として招かれました。ジョンズ・ホプキンス大学を去るときの告別講演「平静の心」と、晩年、アメリカのエール大学に招かれて行った記念講演「生き方」は、氏の最も有名なものとなっています。氏は70歳で亡くなるまで、イギリスでの職を全うしました。氏は生前、数多くの講演を行っていますが、それをまとめたオスラー博士講演集『平静の心』（医学書院）に上記の2つの講演録も収録されています。この書を紐解くと、氏が医学教育者として、また研究者として如何に勤勉に活躍したか、その足跡を知ることができます。まさしくそれは120％の働きぶりを示しています。

ではどうして氏はそんなに数々の業績を残せたのでしょうか。答えは氏の講演「生き方」

の中に述べられている次の一節を読むことで、その根拠を知ることができます。

「私の説く生き方とは、長年にわたり絶えず反復することによって徐々に身についてゆく習慣のことである。それはただその日一日を生きるため、その日一日の仕事を全うするための生活の実践であり、いわば船に譬えるならば、『防日区隔室』の中で今日を生きるということである。（中略）

私は最も恵まれた環境、牧師の家庭で九人の子供の一人として人生を歩み始めた。四つの大学に教授として籍を置き、その著書は好評を博し、エール大学で招待講演を頼まれたこの男は、特殊な頭脳の持ち主であるかのように一般の人から見なされている。ところが、親しい友人の何人かは、私についての真相を知っている。もちろん、私は自分の値打ちを知っているつもりである。正直に言うと、私の頭脳は質的にみると、本当は凡人並みである。それでは、どうしてこの私が教授職に就けたのか、とお訊ねになるかもしれない。

それは習慣、生き方、一日一日の仕事を果たしていった見返りにほかならない。諸君がその重要性に深い感銘を覚えるように、私は言葉を尽くして諸君の心に訴えたいと思う」

オスラー博士は「過去と未来を扉で閉ざし、今日という区切りの中で、その日を懸命に生きよ」と訴えているのです。つまり、過去に起きたことを後悔したり、未来に起きるこ

とを心配したりすることをやめ、今日一日の24時間を最大限に活用して生きる決意を固め、それに徹することで人生は十分により良く生きられると説いているのです。

これこそがその日の仕事を120％していくコツであると思います。

今の日本人は、昔の人と比べて怠け者になっていると私は感じています。目の前の仕事に命懸けで取り組む姿勢に欠け、余計なことをあれこれ考えてばかりで、仕事に熱中しない人が多いのです。

これでは良い顧客の支持を得られませんし、真の心ある友人にも恵まれません。

本物の人物は、与えられた仕事に全身全霊で打ち込む人に手を差し伸べるのです。ですから、私たちが良き人生を送りたければ、目の前の仕事に懸命になることです。まさしく「一所懸命」に生きることです。そうした日々を一日一日重ねていけば、当然の結果として120％の仕事ができる人間となり、世の人々の支援を受けられるようになるものです。少なくとも私にとっては、この今日一日に懸ける生き方が人生の支えになってきました。

第五節　「滅私奉公」はビジネスの理想の姿と心得ること

常岡一郎氏（1899年～1989年）をご存じでしょうか。1935（昭和10）年に修養団体・中心社を創設し、その後、月刊誌『中心』の主幹として健筆を振るいながら、全国を講演して歩いた社会教育者でもありました。その間、参議院議員（全国区緑風会所属）を2期務め、政治家としても活躍しました。

氏が90歳で亡くなって27年になりますが、今でも氏を慕う常岡ファンが全国に潜在しています。実は私も氏の隠れファンの一人でした。氏は生前、毎月、渋谷で定例の講演会を開いていました。日経を辞めて社会教育家を目指していた私は、氏の存在を知って、その会場で幾度か講演を傾聴しました。やさしい言葉で温和に語りかける話しぶりは、多くの聴衆を魅了しましたが、私にとっても大先輩の講演家の姿を仰ぎ見る思いでした。

以来、私は月刊誌『中心』を購読し、氏の思想に触れ、そこから多くの気付きを得ました。氏の死後も、名古屋中心会が発刊していた『中心』１００巻を、中心会の稲垣多恵子氏から届けていただきながら、常岡氏の心に響く言葉を反芻してきました。

２０１３年には致知出版社から『常岡一郎一日一言』が発刊され、氏の存在が広く知られるようになったことを嬉しく感じたものです。

加えて、氏の存在を広く伝えるもう一人の人物がいます。割烹旅館「石亭」グループの元取締役会長の羽根田公男氏です。羽根田氏は常岡氏が亡くなられた7年後の１９９６年に『語り継ぐべき人、常岡一郎』（経済界）を、続いて２０１４年に『今、語り継ぐべき

ひと　常岡一郎』（中心社）を著しています。
羽根田氏は後者の著書の執筆に当たって、常岡氏の厖大な著書を読み返され、そこから生き方の指針となる言葉を最終章でまとめておられます。次の一節もその一つです。

「根となるよろこび」
地位が上がった　金がはいった
家が建った　子供が生まれた
これを神の恵みとよろこぶ人もある

病気になった
手違いが起こった
貧乏に苦しむ
これを天よりの手紙　神の忠告
錆おとす好機と感謝する人もある

信仰したから地位が上がった　金ができた

これも結構　しかし油断はならぬ
自らかえりみて恥ずかしいことはないか
自ら戒めてこそ　本当の信仰のよろこびに通ず
信仰したから根の尊さがわかった
自分の一代は根になろう　世の表には出まい
汗もしぼる　力もつくす
これも信仰の尊さではないか
根は音もなく大地に伸びる
大地は静かな永久の宝庫である

この詩の「自分の一代は根になろう、世の表には出まい　汗もしぼる　力もつくす根は音もなく大地に伸びる　大地は静かな永久の宝庫である」の一節に、私は大きな共感を抱きました。

「心構えは木に譬えれば根っ子です。根をしっかり張ることが人間の最大の能力であり、心構えという能力は全能力の80％を支配するのです」と訴えてきた私は、根を張るために「地味に、コツコツ、泥臭く」「目立たず、無理せず、背伸びせず」の言葉のように地道に生きようと強調してきました。この私の主張が、常岡氏の詩に見事に表現されています。

昨今は、当たり前の習慣を実践することの大切さを忘れ、日々、快楽な生活を求める人々が年々増えてきています。つまり日本人は年を追うごとに「勤勉」の価値観から遠のき、楽して生きる「快楽」の価値観に浸る傾向にあります。

先日、ある地方の町で講演したところ、その後、元町長であった方からお便りをいただきました。そこには「私たちは毎日の生活の中で当たり前の大切さを忘れた生活をしています。とくに道徳を忘れた平和ボケの生活が多い今日、先生のお話で、そのことを気付きました」と記されていました。

この方のご指摘の通り、私たち日本人は、戦後70年間、平和な時代に慣れ切ってきたために、勤勉に生きることよりも快楽に生きることを優先するようになりました。それどころか、勤勉に生きることを疎ましく思い、当たり前の道徳的なことなどどうでもいい、自由に伸び伸びと生きることが大切だと、本気で信じている人がいるのには驚かされます。

もしこのような「徳」（＝心を磨き身につけた良き人間性）の欠如が見られる人が増えていけば、必ず世の中は乱れていきます。そのことは世界の歴史が証明しています。

それを防ぐには、家庭や職場において、自分の持てる力を発揮し、世のため人のために真面目に黙々と働くことを高く評価する風土を築くことです。つまりは「滅私奉公」の精神で自我の欲求を抑え、顧客のために誠心誠意尽くすという生き方を選ぶことです。

ところが、戦後の日本では「滅私奉公」の言葉はタブー視されてきました。それはこの言葉が、戦前の日本では、己を犠牲にして国家に忠誠を尽くすと意味付けし、教育の場で強調されたからです。戦後のわが国の教育改革を行った連合国（実際には米国の占領軍）は、「滅私奉公」は個人主義の対極にあるものと見なし、これを排除し、個人主義の思想を浸透させつつ、個性を重視する方向に日本人の意識を変えていきました。

この結果、国民は世（＝公）のために自己犠牲を払うことを否定的に受け止め、私利私欲による権利のみを求め、それに伴う責任を回避する考え方を持つようになりました。

この戦後の傾向に対して、経団連は２００５年に、これからの教育の方向性に関する提言を行っており、その中で「権利と義務は表裏一体の関係にあることを踏まえ、権利意識とバランスのとれた公共の精神、つまり社会の構成員、あるいは組織・団体の構成員としての責任と義務を教育の中で強調すべきである」と指摘しています。

つまり正しい「滅私奉公」の精神の教育を求めているのです。欧米諸国では公に対する忠誠や献身的精神は究極の愛の形として高く評価されているのですから、この経団連の主張は当然なのです。

自分が選んだ良い顧客に対しては、まさしく「滅私奉公」の精神が必要です。その精神を抱く人や企業に対しては、顧客は絶大な信頼を寄せるものです。

良い顧客は決して無茶な要求はしないものです。それだけに顧客から何かの要望があれば、誠心誠意、それに応えることです。それができている人や会社は、景気不景気に関係なく、顧客の支持を受けて事業は順調に営まれていきます。老舗はそのことをよく分かっています。ですから時には自己犠牲を覚悟して顧客に尽くすのです。その相互の親密な関係ができれば、商売繁盛は時代を超えて長く続いていくのです。

あとがき

「変わらずに生き残るためには、変わらなければならない」（You must change to remain the same.）という言葉を聞いたことはありませんか。

この言葉は、第16回カンヌ国際映画祭で最高賞〝パルム・ドール〟（グランプリ）を受賞した1963年公開のイタリア・フランス合作映画『山猫』の中で、イタリア・シチリアの若き伯爵（アラン・ドロンが演じた）が敬愛する叔父の公爵（バート・ランカスターが演じた）に語った台詞の一部です。

この言葉は、1860年、統一戦争で揺れるイタリア・シチリアの名門貴族の世代交代を描く『山猫』の最初の部分で語られています。新しい時代の到来で貴族制度が崩壊していくことが予測されるなか、なお貴族としてのプライドを維持して生き残るためには、自分自身の考え方を変えていかなければならないとする若き貴族の心意気が、この冒頭の言葉に秘められています。

しかし老貴族は、若い甥の言葉や態度を理解しつつも、自分は旧体制の人間として人生を全うしていくことを決意し、映画の最後の場面で、老兵が静かに消えゆくように、街の闇の中に入っていくシーンが印象的です。

この2人の立場を思い出すたびに、今のサラリーマンが抱く心境に似ているものがあると感じます。新しい時代に挑戦しつつ、これまでの生き方を変えて、新たな人生に活路を見つける生き方に変えるのか、それとも、もう俺はこのままでいいと時代の変化に取り残されて生きていくのか、その2つの生き方のどちらを選ぶのか、今のサラリーマンにはその選択が迫られています。

当然ながら、これからの長い人生を考えると、前者の生き方を選ぶべきですが、そうした前向きな姿勢で新たな人生に挑む人は、まだまだ少数派です。残りの大多数の人は、新しい時代の到来に備える生き方を身につける覚悟に乏しいと思えてなりません。


この拙著をお読みいただいてお分かりのように、私はサラリーマンになる前から「一身にして二生を生きる」の生き方を密かに抱いていました。ですから常に独立して成功した方々の生き方から具体的な習慣を学び、それを実践してきたつもりです。

私の講演は、自分自身が実際に実践してきた事例をベースにして語られています。早起き・歩き・挨拶・返事・後始末といった日常の当たり前の習慣を日々繰り返すことがいかに大切なことかを、これまで熱意を込めて説き続けてきました。

先述した通り、私の講演録音テープ・CDを繰り返し聴きながら、自分の生き方を徐々に変えていき、その結果、大きな成果を収められている方が全国に大勢おられます。

その一人が愛知県豊田市の小林憲司氏です。氏の肩書は「株式会社コバック代表取締役社長」です。同社は豊田市に本社を置き、自動車整備業界において日本で初めて全国的に車検のFC（フランチャイズ）を展開し、現在では460店舗を超える業界最大手の規模で成長を続けています。

小林氏は、一整備工場経営者から立ち上がってFCに踏み出す過程で、氏自身が自己変革のために私の講演テープを繰り返し聴きながら一歩一歩前進していった様子を、氏の著書『コバック伝説』（幻冬舎・81頁~85頁）で詳しく述べています。

私は氏の著書を読みながら、良き生活習慣の実践が事業を成功させていく基本中の基本であることを改めて認識しました。

つまり自己変革とは難しいことをやることではなく、当たり前のことをコツコツと続けることにあるのです。そのことが理解できれば、誰もが生き方変革を実現できるのです。

「人生100年」「少子高齢化」「グローバル化」の3つの大きな波が押し寄せている現在は、まさしく変革の時代です。この変革によって、これまでサラリーマンの人生を支えてきた終身雇用制度・年功序列賃金制度・年金制度の存続が次第に怪しくなりつつあります。だからこそ、この変革に早めに対処していく必要が出てきているのです。

その対処法とは、もう一度繰り返しますが、「凡人成功哲学」を自ら実践することに尽きます。凡人として真面目に生きる習慣を身につけ、日々の仕事に真剣に取り組んでいれば、どんな変革にも対応していけます。

どんな時代でも勤勉に生きる人物を、世の中は常に求めているからです。しかし、このことをまだ分かっていない人が何と多いことでしょうか。

そこで生活習慣の重要性について参考になる調査報告書を紹介しておきましょう。

国立青少年教育振興機構は、平成28年5月2日、『青少年の体験活動等に関する実態調査』(平成26年度調査)を発表しました。その調査で判明したのは次のことでした。

「自然体験や生活体験、お手伝いといった体験が豊富な子供や、生活習慣・しつけが身についている子供ほど、自己肯定感や道徳観・正義感が高くなる傾向にある。またそういう子供は、携帯電話やスマートフォンが気にならなくなり、それを操作することが少なくなる傾向にある。

つまり、子供の自己肯定感や道徳心など豊かな心をはぐくむためには、子供への関わりやしつけを通して、生活体験やお手伝いといった日々の体験を充実させたり、規則正しい生活習慣を身につけさせることが大切であると考えられる」

この実態調査から、良き生活習慣を身につけることと人の生き方が直結していることがよく分かります。そのことは子供だけでなく大人にも言えることです。

したがって勤勉な生活態度を貫いた人は、結果として、仕事を通して何かの専門力を身につけていきます。そのキャリアが積み重ねられることによって、勤め先を辞めても将来は、それなりの専門家として通用していけるのです。

そういう人のことを「インディペンデントコントラクター」（独立業務請負人・ICの略語で呼ばれている）と称し、目下、アメリカではサラリーマンの3割から4割の人が退職後にこのICになっています。つまりフリーエージェンシーとして、雇用という形にとらわれず、雇われない・雇わないという新しいワークスタイルを身につけて活動できる人になっていくのです。

日本でもこのスタイルで働く人が今静かに増えています。つまり、雇用という形にとらわれず、専門性の高い仕事を企業と契約して請け負うというサラリーマンでもない特定の事業を立ち上げる事業主でもない、第三の新しい仕事のスタイルの下で生きることです。

こうしたＩＣを企業に紹介し、その企業の「顧問」としての仕事の場を提供し、新しい働き方を支援するサービス企業も出てきています。

「株式会社サーキュレーション」もその一つです。同社では創業3年目ですでに3、000名を超えるプロフェッショナル人材（人事・経営・営業・広報などの専門家）を抱え、企業の要請に応じてピンポイントで人材を紹介し、実際の問題解決までフォローアップしています。契約先企業は中小企業ばかりでなく、最近は、その3割を大企業が占めるようになっており、急成長を遂げている企業です。

それだけ、日本においてもＩＣの需要が高まっているということでしょう。

考えてみれば、私もこの37年間、新しい仕事のスタイルで生きてきた人間です。一回一回の講演はすべて依頼者との個別契約によって行ってきました。そこでは雇われない関係が前提になっています。そういう意味では、私も独立業務請負人の一人なのです。

私が独立した頃は、「インディペンデントコントラクター」という言葉も、今の流行りの「フリーエージェンシー」という言葉も存在しませんでした。そこで、独立個人事業主を「個業家」という造語で表現し、個業家として独立独歩の人生を歩んできたのです。

当時は、大企業を中途退社して独立する私のような人間は異端者と見なされ、そうした生き方は世間一般のサラリーマンの間では容認されませんでした。とくに日経のように厳しい入社試験を経て正社員となる会社では、私のとった行動は驚きをもって受け止められました。それほど当時のわが国は終身雇用・年功序列賃金によってサラリーマンの生き方は規制され、国民もそれを当然のこととして受け止めていたのです。

そのことは、定年まで真面目に勤め上げれば、後は安泰な老後を過ごすことができるという生き方が当時のサラリーマンの常識であったと言い換えることができます。私はそうした考え方・生き方に疑問を抱き、一回しかない人生なのだから事業主のようにもっとダイナミックな生き方をしてもいいはずだとして独立人生を選んだのです。

37年経った今日、この私の考え方が異端ではなくなりました。それだけ時代が大きく変わったということです。つまり私の行動は時代を先取りしたことになります。そう考えますと、私の体験談は先見性に富むものとして受け止めてもらってもいいのではないでしょうか。近頃はそのように考えることが多くなりました。

ですから、80歳になったことをきっかけにして、最近の講演会では、私の体験談をふんだんに盛り込むようにしています。聴講者からの反応も良く、「講演を聴いてから自宅でのビジネスが好転している」とか「定年後の起業にたくさんのヒントをもらった」といった便りが増えてきています。

この本でも私の事例をたくさん挿入しました。しかも最も重要なことは繰り返し幾度も述べています。単純明快なことほど、多くの人は軽視する傾向があり、それを防ぐ意味でも、くどいと思われるくらいに同じことを書き続けました。

「小に徹して勝つ」のテーマは、これからの時代の新しい生き方として、今後ますます注目されることになります。現に『日経ビジネス』2016年5月2日号では「潰れそうなあの店が潰れない秘密」のスペシャルレポートで、小規模で繁盛している店を特集しています。

1日に来店者3人の川崎市の帽子専門店で年商3000万円、高級布団の常連客500人だけを相手にするさいたま市の寝具店で年商2000万円、固定客は300人ながら60年も安定経営を続ける久留米市のボタン専門店など、独自の生き方に徹し、まさしく小さな店でありながら大手顔負けの繁盛を遂げているこれらの店の記事を読むと、改めて「小」の強さを感じます。

21世紀は「個の時代」と言われてきましたが、ここへ来てやっとそういう傾向が顕著になってきています。このことは個人の生き方にも言えることです。

人とは違った独自の製品（サービスも含む）を提供している人や店が、ＳＮＳ社会になったおかげで、広く世間が知るようになりました。そして世間はその方々に関心を寄せ、手を差し伸べる時代になってきました。世間を味方にして生きてきた私だけに、この流れが次第に大きくなってきていることを実感しているこの頃です。

そこで読者の皆様も、どうか、この時代の流れに沿った生き方を確立すべく、ご自分なりの努力を重ねていただくよう、心からお願いしたいのです。

そのことを強く念じながら、筆を置くことにいたします。

最後までお読みいただき、本当にありがとうございました。

田中真澄・著者紹介

経　歴

1936年　福岡県に生まれる。

1959年　東京教育大学（現・筑波大学）を卒業し、日本経済新聞社に入社。
企画調査部、販売局、社長室、出版局の各職場で14職務を担当。

1969年　日経とアメリカマグロウヒル社との合弁出版社・日経マグロウヒル社（現・日経BP社）に出向。同社調査開発長ならびに日経マグロウヒル販売（現・日経BPマーケティング）取締役営業部長として活躍。

1979年　日本経済新聞社における20年間の勤務に終止符を打ち、独立。
有限会社ヒューマンスキル研究所設立。新しい形の社会教育家を目指し、日本初のモチベーショナルスピーカーとして活動を開始。
『週刊東洋経済』誌8月17日号の若手講師ランキングにおいて、ナンバーワンに選ばれる。

2005年　ベンチャービジネス団体の「1万円出しても聴きたい講師」上位10名の中に選ばれる。

講　演

スピーディな語り口、豊富な板書、パワフルなパフォーマンスの3つの技を用いて、体系的にわかりやすく真剣に訴える熱誠講演は、多くの人々に生きる勇気と希望と感動を与え続けている。

講演は、あらゆる職種・業種・年代の人々を対象に行われている。

メールアドレス　masumit@rapid.ocn.ne.jp
ホームページ　http://www.pulse-p.co.jp/tanaka/index.asp

田中真澄・著書一覧

２００５年以降の主な著書は次の通り（累計91冊執筆）

『人生を好転させる　情熱の人生哲学』（ぱるす出版）
『感動の〝初動教育法〟』（ぱるす出版）
『田中真澄のいきいき人生戦略』（モラロジー研究所）
『信念の偉大な力』（ぱるす出版）
『あいさつ教育』（ぱるす出版）
『超高齢社会が突きつける　これからの時代の生き方』（ぱるす出版）
『田中真澄の実践的人間力講座』（ぱるす出版）
『正社員削減時代をどう生きる？』（ぱるす出版）
『やる気再生工場塾』（ぱるす出版）
『田中真澄の88話』（ぱるす出版）
『人生は今日が始まり』ポケットサイズ（ぱるす出版）
『人生の勝負は後半にあり』（ぱるす出版）
『百年以上続いている会社はどこが違うのか？』（致知出版社）
『１００歳まで働く時代がやってきた』（ぱるす出版）

ＣＤ４枚組『積極的に生きる』（ぱるす出版）
日めくりカレンダー『人生は今日が始まり』（ぱるす出版）

凡人の成功哲学

小に徹して勝つ

平成28年9月4日　初版第1刷

著　者　　田　中　真　澄
発行者　　春　日　　　榮
発行所　　ぱるす出版 株式会社
東京都文京区本郷2-25-6　ニューライトビル1024　〒113-0033
電話（03）6801-6360（代表）　FAX（03）6801-6361
http://www.pulse-p.co.jp
E-mail info@pulse-p.co.jp
カバーデザイン　ヨシノブデザイン

印刷・製本　ラン印刷社

ISBN 978-4-8276-0241-8